AF155194

Rudolf Steiner

Anthroposophie
Ein Erkenntnisweg in 185 Stationen

Rudolf Steiner

Anthroposophie
Ein Erkenntnisweg in 185 Stationen

ANTHROPOSOPHISCHE LEITSÄTZE

Herausgegeben von Taja Gut

RUDOLF STEINER VERLAG

1. Auflage 2004

© 2004 Rudolf Steiner Verlag, Dornach
© 1954 Rudolf Steiner Nachlassverwaltung, Dornach

Alle Rechte, auch die des auszugsweisen Nachdrucks, der foto-
mechanischen und elektronischen Wiedergabe, vorbehalten.

Buchgestaltung: Finken & Bumiller, Stuttgart
Satz: Verlag
Druck: Konkordia, Bühl – Bindung: Spinner, Ottersweier
Printed in Germany

ISBN 3-7274-5291-9

INHALT

ZU DIESEM BUCH

Gegen Ende seines Lebens unternahm Rudolf Steiner es noch einmal neu, die Anthroposophie als Weg und bewegende Kraft in Worte zu fassen. Er tat dies einerseits in den Aufzeichnungen zu seinem *Lebensgang* (heute im Band 28 der Rudolf Steiner Gesamtausgabe), andererseits in den *Anthroposophischen Leitsätzen.* Beide Darstellungen sind durch seinen klaren, nüchternen, fast spröden Spätstil geprägt, den er im *Lebensgang* charakterisiert: «Ich dämpfe im Niederschreiben, was aus Wärme und tiefer Empfindung heraus ist, zu trockener, mathematischer Stilweise. Aber *dieser* Stil kann allein ein Aufwecker sein, denn der Leser muß Wärme und Empfindung in sich selbst erwachen lassen.»

Beide Werke erschienen in Fortsetzung, das eine in der Wochenschrift *Das Goetheanum*, das andere im Nachrichtenblatt *Was in der Anthroposophischen Gesellschaft vorgeht*; beide sind durch den Tod Rudolf Steiners am 30. März 1925 Fragment geblieben. Und beiden gemeinsam ist der Weg-Charakter, der sich in der Autobiographie bereits im Titel und in den *Leitsätzen* in den allerersten Worten manifestiert. Während in *Mein Lebensgang* Anthroposophie gewissermaßen durch eine gelebte individuelle Verkörperung erfahrbar wird, bilden die «Leitsätze» in ihrer lapidaren, mantrisch verdichteten Sprache mögliche Kristallisations- oder Vegetationspunkte für ein beginnendes inneres Wachstum.

Sie waren zunächst dazu gedacht, die anthroposophische Arbeit in den weit verstreuten Mitgliederkreisen zu konzentrieren und in Einklang zu bringen. Standen sie im *Nachrichtenblatt* anfangs für sich, meist in Dreiergruppen angeordnet, so wurden sie ab Nr. 37 zunehmend von erläuternden und vertiefenden Ausführungen begleitet, die sich heute zusammen mit den «Leitsätzen» in Band 26 der Rudolf Steiner Gesamtausgabe finden. Daß die «Leitsätze» aber durchaus für sich stehen und gerade dann ihre Wirkung entfalten können, wenn man nicht zu Erläuterungen Zuflucht nimmt, läßt sich an der vorliegenden Ausgabe erleben. Bereits die erste Buchausgabe im Todesjahr Steiners enthielt übrigens die «Leitsätze» ohne begleitende Texte.

Es ergeben sich so 185 «Stationen» eines Erkenntnisweges, deren Kargheit und spirituelle Kraft ein konzentriertes, meditatives Denken herausfordern und, Feuersteinen gleich, die eigene Erkenntnis zu entfachen vermögen. Es ist ein Weg, der «das Geistige im Menschenwesen zum Geistigen im Weltenall führen möchte», der Mensch, Erde und Welt als Ganzes in sich begreift, von den höchsten Sphären bis zur Unternatur – und auf dem sich eine geradezu kosmische Umstülpung anbahnt: Das «Staubkorn» Erde wird zur «Keimanlage eines neu entstehenden Makrokosmos, während der alte sich als erstorben erweist» (Nr. 154).

Die «Leitsätze» erscheinen hier in ihren ursprünglichen Gruppierungen, aber durchnumeriert und in der Fassung des Erstdrucks, der zugleich die Ausgabe letzter Hand bildet. Abweichungen von der nahezu vollständig erhaltenen Handschrift sind im Anhang dokumentiert.

Taja Gut

ANTHROPOSOPHISCHE LEITSÄTZE

1. Anthroposophie ist ein Erkenntnisweg, der das Geistige im Menschenwesen zum Geistigen im Weltenall führen möchte. Sie tritt im Menschen als Herzens- und Gefühlsbedürfnis auf. Sie muß ihre Rechtfertigung dadurch finden, daß sie diesem Bedürfnisse Befriedigung gewähren kann. Anerkennen kann Anthroposophie nur derjenige, der in ihr findet, was er aus seinem Gemüte heraus suchen muß. Anthroposophen können daher nur Menschen sein, die gewisse Fragen über das Wesen des Menschen und die Welt so als Lebensnotwendigkeit empfinden, wie man Hunger und Durst empfindet.

2. Anthroposophie vermittelt Erkenntnisse, die auf geistige Art gewonnen werden. Sie tut dies aber nur deswegen, weil das tägliche Leben und die auf Sinneswahrnehmung und Verstandestätigkeit gegründete Wissenschaft an eine Grenze des Lebensweges führen, an der das seelische Menschendasein ersterben müßte, wenn es diese Grenze nicht überschreiten könnte. Dieses tägliche Leben und diese Wissenschaft führen nicht so zur Grenze, daß an dieser stehen geblieben werden muß, sondern es eröffnet sich an dieser Grenze der Sinnesanschauung durch die menschliche Seele selbst der Ausblick in die geistige Welt.

3. Es gibt Menschen, die glauben, mit den Grenzen der Sinnesanschauung seien auch die Grenzen *aller* Einsicht gegeben. Würden diese aufmerksam darauf sein, *wie* sie sich dieser Grenzen bewußt werden, so würden sie auch in diesem Bewußtsein die Fähigkeiten entdecken, die Grenzen zu überschreiten. Der Fisch schwimmt an die Grenze des Wassers; er muß zurück, weil ihm die physischen Organe fehlen, um außer dem Wasser zu leben. Der Mensch kommt an die Grenze der Sinnesanschauung; er kann erkennen, daß ihm auf dem Wege dahin die Seelenkräfte geworden sind, um seelisch in dem Elemente zu leben, das nicht von der Sinnesanschauung umspannt wird.

4. Der Mensch braucht zur Sicherheit in seinem Fühlen, zur kraftvollen Entfaltung seines Willens eine Erkenntnis der geistigen Welt. Denn er kann die Größe, Schönheit, Weisheit der natürlichen Welt im größten Umfange empfinden: *diese* gibt ihm keine Antwort auf die Frage nach seinem eigenen Wesen. Dieses eigene Wesen hält die Stoffe und Kräfte der natürlichen Welt so lange in der lebend-regsamen Menschengestalt zusammen, bis der Mensch durch die Pforte des Todes schreitet. Dann übernimmt die Natur diese Gestalt. Sie kann dieselben nicht zusammenhalten, sondern nur auseinandertreiben. Die große, schöne, weisheitvolle Natur gibt wohl Antwort auf die Frage: wie wird die Menschengestalt aufgelöst, nicht aber, wie wird sie zusammengehalten. Kein theoretischer Einwand kann *diese* Frage aus der empfindenden Menschenseele, wenn diese sich nicht selbst betäuben will, auslöschen. *Ihr* Vorhandensein muß die Sehnsucht nach geistigen Wegen der Welterkenntnis unablässig in jeder Menschenseele, die wirklich wach ist, regsam erhalten.

5. Der Mensch braucht zur inneren Ruhe die Selbst-Erkenntnis im Geiste. Er findet sich selbst in seinem Denken, Fühlen und Wollen. Er sieht, wie Denken, Fühlen und Wollen von dem natürlichen Menschenwesen abhängig sind. Sie müssen in ihren

Entfaltungen der Gesundheit, Krankheit, Kräftigung und Schädigung des Körpers folgen. Jeder Schlaf löscht sie aus. Die gewöhnliche Lebenserfahrung weist die denkbar größte Abhängigkeit des menschlichen Geist-Erlebens vom Körper-Dasein auf. Da erwacht in dem Menschen das Bewußtsein, daß in dieser gewöhnlichen Lebenserfahrung die Selbst-Erkenntnis verloren gegangen sein könne. Es entsteht zunächst die bange Frage: ob es eine über die gewöhnliche Lebenserfahrung hinausgehende Selbst-Erkenntnis und damit die Gewißheit über ein wahres Selbst geben könne? Anthroposophie will auf der Grundlage sicherer Geist-Erfahrung die Antwort auf diese Frage geben. Sie stützt sich dabei nicht auf ein Meinen oder Glauben, sondern auf ein Erleben im Geiste, das in seiner Wesenheit so sicher ist wie das Erleben im Körper.

6. Wenn man den Blick auf die leblose Natur wendet, so findet man eine Welt, die sich in gesetzmäßigen Zusammenhängen offenbart. Man sucht nach diesen Zusammenhängen und findet sie als den Inhalt der Naturgesetze. Man findet aber auch, daß durch diese Gesetze die leblose Natur sich mit der Erde zu einem Ganzen zusammenschließt. Man kann dann von diesem Erdenzusammenhang, der in allem Leblosen waltet, zu der Anschauung der lebendigen Pflanzenwelt übergehen. Man sieht, wie die außerirdische Welt aus den Weiten des Raumes die Kräfte hereinsendet, welche das Lebendige aus dem Schoße des Lebenslosen hervorholen. Man wird in dem Lebendigen das Wesenhafte gewahr, das sich dem bloß irdischen Zusammenhange entreißt, und sich zum Offenbarer dessen macht, was aus den Weiten des Weltenraumes auf die Erde herunterwirkt. In der unscheinbarsten Pflanze wird man die Wesenheit des außerirdischen Lichtes gewahr, wie im Auge den leuchtenden Gegenstand, der vor diesem steht. In diesem Aufstieg der Betrachtung kann man den Unterschied des Irdisch-Physischen schauen, das im Leblosen waltet und des Außerirdisch-Ätherischen, das im Lebendigen kraftet.

7. Man findet den Menschen mit seinem außerseelischen und außergeistigen Wesen in diese Welt des Irdischen und Außerirdischen hineingestellt. Sofern er in das Irdische, das das Leblose umspannt, hineingestellt ist, trägt er seinen *physischen Körper* an sich; sofern er in sich diejenigen Kräfte entwickelt, welche das Lebendige aus den Weltenweiten in das Irdische hereinzieht, hat er einen *ätherischen* oder Lebensleib. Diesen Gegensatz zwischen dem Irdischen und Ätherischen hat die Erkenntnisrichtung der neueren Zeit ganz unberücksichtigt gelassen. Sie hat gerade aus diesem Grunde über das Ätherische die unmöglichsten Anschauungen entwickelt. Die Furcht davor, sich in das Phantastische zu verlieren, hat davon abgehalten, von diesem Gegensatz zu sprechen. Ohne ein solches Sprechen kommt man aber zu keiner Einsicht in Mensch und Welt.

8. Man kann die Wesenheit des Menschen betrachten, insoferne diese aus seinem physischen und seinem ätherischen Leib sich ergibt. Man wird finden, daß alle Erscheinungen am Menschen, die von dieser Seite ausgehen, nicht zum Bewußtsein führen, sondern im Unbewußten verbleiben. Das Bewußtsein wird nicht erhellt, sondern verdunkelt, wenn die Tätigkeit des physischen und des Ätherleibes erhöht wird. Ohnmachtszustände kann man als Ergebnis einer solchen Erhöhung erkennen. Durch die Verfolgung einer solchen Urteilsorientierung gelangt man dazu, anzuerkennen, daß in die Organisation des Menschen – und auch des Tieres – etwas eingreift, das mit dem Physischen und Ätherischen nicht von der gleichen Art ist. Es ist wirksam *nicht*, wenn das Physische und Ätherische aus seinen Kräften heraus tätig ist, sondern wenn diese *aufhören*, auf ihre Art wirksam zu sein. Man kommt so zum Begriffe des Astralleibes.

9. Die *Wirklichkeit* dieses Astralleibes wird gefunden, wenn man durch die Meditation von dem Denken, das durch die Sinne von außen angeregt wird, zu einem innerlichen Anschauen fortschreitet. Man muß dazu das von außen angeregte Denken innerlich ergreifen und es in der Seele als solches, ohne seine Beziehung auf die Außenwelt, intensiv *erleben*; und dann durch die Seelenstärke, die man in solchem

Ergreifen und Erleben sich angeeignet hat, gewahr werden, daß es innere Wahrnehmungsorgane gibt, die ein Geistiges *schauen* da, wo in Tier und Menschen der physische und der ätherische Leib in ihren Schranken gehalten werden, damit Bewußtsein entstehe.

10. Das Bewußtsein entsteht *nicht* durch ein Fortführen derjenigen Tätigkeit, die aus dem physischen und dem Ätherleib als Ergebnis kommt, sondern diese beiden Leiber müssen mit ihrer Tätigkeit auf den Nullpunkt kommen, ja noch unter denselben, damit «Platz entstehe» für das Walten des Bewußtseins. Sie sind nicht die Hervorbringer des Bewußtseins, sondern sie geben nur den Boden ab, auf dem der Geist stehen muß, um innerhalb des Erdenlebens Bewußtsein hervorzubringen. Wie der Mensch auf der Erde einen Boden braucht, auf dem er stehen kann, so braucht das Geistige innerhalb des Irdischen die materielle Grundlage, auf der es sich entfalten kann. Und so wie im Weltenraum der Planet den Boden nicht braucht, um seinen Ort zu behaupten, so braucht der Geist, dessen Anschauung nicht durch die Sinne auf das Materielle, sondern durch die Eigenkraft auf das Geistige gerichtet ist, nicht diese materielle Grundlage, um seine bewußte Tätigkeit in sich rege zu machen.

11. Das Selbstbewußtsein, das im «Ich» sich zusammenfaßt, steigt aus dem Bewußtsein auf. Dieses entsteht, wenn das Geistige in den Menschen dadurch eintritt, daß die Kräfte des physischen und des ätherischen Leibes diese abbauen. Im Abbau dieser Leiber wird der Boden geschaffen, auf dem das Bewußtsein sein Leben entfaltet. Dem Abbau muß aber, wenn die Organisation nicht zerstört werden soll, ein Wiederaufbau folgen. So wird, wenn für ein Erleben des Bewußtseins ein Abbau erfolgt ist, genau das Abgebaute wieder aufgebaut werden. In der Wahrnehmung dieses Aufbaues liegt das Erleben des Selbstbewußtseins. Man kann in innerer Anschauung diesen Vorgang verfolgen. Man kann empfinden, wie das Bewußte in das Selbstbewußte dadurch übergeführt wird, daß man *aus sich* ein Nachbild des bloß Bewußten schafft. Das bloß Bewußte hat sein Bild in dem durch den Abbau gewissermaßen leer Gewordenen des Organismus. Es ist in das Selbstbewußtsein eingezogen, wenn die Leerheit von innen wieder erfüllt worden ist. Das Wesenhafte, das zu dieser Erfüllung fähig ist, wird als «Ich» erlebt.

12. Die Wirklichkeit des «Ich» wird gefunden, wenn man die innere Anschauung, durch die der Astralleib erkennend ergriffen wird, dadurch weiter fortbildet, daß man das erlebte Denken in der Meditation mit dem Willen durchdringt. Man hat sich diesem Denken zuerst willenlos hingegeben. Man hat es dadurch dazu gebracht, daß ein Geistiges in dieses Denken eintritt, wie die Farbe bei der sinnlichen Wahrnehmung in das Auge, der Ton in das Ohr eintritt. Hat man sich in die Lage gebracht, dasjenige, das man auf diese Art, durch passive Hingabe, im Bewußtsein verlebendigt hat, durch einen Willensakt nachzubilden, so tritt in diesen Willensakt die Wahrnehmung des eigenen «Ich» ein.

13. Man kann auf dem Wege der Meditation zu der Gestalt, in der das «Ich» im gewöhnlichen Bewußtsein auftritt, drei weitere Formen finden: 1. In dem Bewußtsein, das den Ätherleib erfaßt, erscheint das «Ich» als Bild, das aber zugleich tätige Wesenheit ist und als solche dem Menschen Gestalt, Wachstum, Bildekräfte verleiht; 2. In dem Bewußtsein, das den Astralleib erfaßt, offenbart sich das «Ich» als Glied einer geistigen Welt, von der es seine Kräfte erhält; 3. In dem Bewußtsein, das eben als das zuletzt zu erringende angeführt worden ist, zeigt sich das «Ich» als eine von der geistigen Umwelt relativ unabhängige, selbständige geistige Wesenheit.

14. Die zweite Gestalt des «Ich», die in der Darstellung des vorangegangenen Leitsatzes angedeutet worden ist, tritt als «Bild» dieses Ich auf. Durch das Gewahrwerden dieses Bildcharakters wird auch ein Licht geworfen auf die Gedankenwesenheit, in der das «Ich» vor dem gewöhnlichen Bewußtsein erscheint. Man sucht durch allerlei Betrachtungen in dem gewöhnlichen Bewußtsein das «wahre Ich». Doch eine ernstliche Einsicht in die Erlebnisse dieses Bewußtseins zeigt, daß man in demselben dieses «wahre Ich» nicht finden kann; sondern daß da nur der gedankenhafte Abglanz, der weniger als ein Bild ist, aufzutreten vermag. Man wird von der Wahrheit dieses Tatbestandes erst recht erfaßt, wenn man fortschreitet zu dem «Ich» als Bild, das in dem Ätherleibe lebt. Und dadurch wird man erst richtig zu dem Suchen des Ich als der wahren Wesenheit des Menschen angeregt.

15. Die Einsicht in die Gestalt, in der das «Ich» im Astralleibe lebt, führt zu einer rechten Empfindung von dem Verhältnisse des Menschen zu der geistigen Welt. Diese Ich-Gestalt ist für das gewöhnliche Erleben in die dunklen Tiefen des Unbewußten getaucht. In diesen Tiefen tritt der Mensch mit der geistigen Weltwesenheit durch Inspiration in Verbindung. Nur ein ganz schwacher gefühlsmäßiger

Abglanz von dieser in den Seelentiefen waltenden Inspiration aus den Weiten der geistigen Welt steht vor dem gewöhnlichen Bewußtsein.

16. Die dritte Gestalt des «Ich» gibt die Einsicht in die selbständige Wesenheit des Menschen innerhalb einer geistigen Welt. Sie regt die Empfindung davon an, daß der Mensch mit seiner irdisch-sinnlichen Natur nur als die Offenbarung dessen vor sich selber steht, was er in Wirklichkeit ist. Damit ist der Ausgangspunkt wahrer Selbsterkenntnis gegeben. Denn jenes Selbst, das den Menschen in seiner Wahrheit gestaltet, wird sich der Erkenntnis erst offenbaren, wenn er vom Gedanken des Ich zu dessen Bilde, von dem Bilde zu den schöpfenden Kräften dieses Bildes, und von da zu den geistigen Trägern dieser Kräfte fortschreitet.

17. Der Mensch ist ein Wesen, das in der Mitte zwischen zwei Weltgebieten sein Leben entfaltet. Er ist mit seiner Leibes-Entwicklung in eine «untere Welt» eingegliedert; er bildet mit seiner Seelen-Wesenheit eine «mittlere Welt», und er strebt mit seinen Geisteskräften nach einer «oberen Welt» hin. Seine Leibes-Entwicklung hat er von dem, was ihm die Natur gegeben hat; seine Seelen-Wesenheit trägt er als seinen eigenen Anteil in sich; die Geisteskräfte findet er in sich als die Gaben, die ihn über sich selbst hinaus führen zur Anteilnahme an einer göttlichen Welt.

18. Der Geist ist in diesen drei Weltgebieten schaffend. Die Natur ist nicht geistlos. Man verliert erkennend auch die Natur, wenn man in ihr den Geist nicht gewahr wird. Aber man wird allerdings innerhalb des Naturdaseins den Geist wie schlafend finden. So wie aber der Schlaf im Menschenleben seine Aufgabe hat, und das «Ich» eine gewisse Zeit schlafen muß, um zu einer andern recht wach zu sein, so muß der Weltengeist an der «Natur-Stelle» schlafen, um an einer andern recht wach zu sein.

19. Der Welt gegenüber ist die Menschenseele ein träumendes Wesen, wenn sie nicht auf den Geist achtet, der in ihr wirkt. Dieser weckt die im eigenen Innern webenden Seelenträume zur Anteilnahme an der Welt, aus welcher des Menschen wahres Wesen stammt. Wie sich der Träumende vor der physischen Umwelt verschließt und in das eigene Wesen einspinnt, so müßte die Seele ihren Zusammenhang mit dem Geiste der Welt verlieren, aus dem sie stammt, wenn sie die Weckrufe des Geistes in sich selbst nicht hören wollte.

20. Es gehört zur rechten Entfaltung des Seelenlebens im Menschen, daß er sich innerhalb seines Wesens des Wirkens aus dem Geiste vollbewußt werde. Viele Bekenner der neueren naturwissenschaftlichen Weltanschauung sind in dieser Richtung so stark in einem Vorurteile befangen, daß sie sagen, die allgemeine Ursächlichkeit ist in allen Welterscheinungen das Herrschende. Wenn der Mensch glaubt, er könne aus Eigenem die Ursache von etwas sein, so kann das nur eine Illusion bilden. Die neuere Natur-Erkenntnis will in allem treu der Beobachtung und Erfahrung folgen. Durch dieses Vorurteil von der verborgenen Ursächlichkeit der eigenen menschlichen Antriebe sündigt sie gegen diesen ihren Grundsatz. Denn das freie Wirken aus dem Innern des menschlichen Wesens ist ein ganz elementares Ergebnis der menschlichen Selbstbeobachtung. Man darf es nicht wegleugnen, sondern muß es mit der Einsicht in die allgemeine Verursachung innerhalb der Naturordnung in Einklang bringen.

21. Die Nicht-Anerkennung dieses Antriebes aus dem Geiste heraus im Innern des menschlichen Wesens ist das größte Hindernis für die Erlangung einer Einsicht in die geistige Welt. Denn Einordnung des eigenen Wesens in den Naturzusammenhang bedeutet Ablenkung des Seelenblickes von diesem Wesen. Man kann aber in die geistige Welt nicht eindringen, wenn man den Geist nicht zuerst da erfaßt, wo er ganz unmittelbar gegeben ist: in der unbefangenen Selbstbeobachtung.

22. Die Selbstbeobachtung bildet den Anfang der Geistbeobachtung. Und sie kann deshalb den rechten Anfang bilden, weil der Mensch bei wahrer Besinnung nicht bei ihr stehen bleiben kann, sondern von ihr fortschreiten muß zu weiterem geistigen Weltinhalt. Wie der menschliche Körper verkümmert, wenn er nicht physische Nahrung erhält, so wird der im rechten Sinne sich selbst beobachtende Mensch sein Selbst in Verkümmerung empfinden, wenn er nicht sieht, wie in dieses Selbst die Kräfte einer außer ihm tätigen geistigen Welt hineinwirken.

23. Der Mensch betritt, indem er durch die Todespforte geht, die geistige Welt, indem er von sich abfallen fühlt alles, was er durch die Sinne des Leibes und durch das Gehirn während des Erdenlebens an Eindrücken und an Seeleninhalten erworben hat. Sein Bewußtsein hat dann in einem umfassenden Tableau in Bildern vor sich, was an Lebensinhalt während des Erdenwandels in Form von bildlosen Gedanken in das Gedächtnis gebracht werden konnte, oder was zwar für das Erdenbewußtsein unbemerkt geblieben ist, doch aber einen unterbewußten Eindruck auf die Seele gemacht hat. Diese Bilder verblassen nach wenig Tagen bis zum Entschwinden. Wenn sie sich ganz verloren haben, so weiß der Mensch, daß er auch seinen Ätherleib abgelegt hat, in dem er den Träger dieser Bilder erkennen kann.

24. Der Mensch hat nach der Ablegung des Ätherleibes noch den Astralleib und das Ich als die ihm verbleibenden Glieder. Solange der erstere an ihm ist, läßt dieser von dem Bewußtsein alles das erleben, was während des Erdenlebens den unbewußten Inhalt der im Schlafe ruhenden Seele gebildet hat. In diesem Inhalt sind die Urteile enthalten, welche die Geistwesen einer höheren Welt während der Schlafzeiten dem Astralleib einprägen, die aber dem Erdenbewußtsein sich verbergen. Der Mensch lebt sein Erdenleben noch einmal durch, doch so, daß sein Seeleninhalt jetzt die Beurteilung seines Tuns und Denkens vom Gesichtspunkte der Geisteswelt aus ist. Das Durchleben geschieht rückläufig: erst die letzte Nacht, dann die zweitletzte usw.

25.   Die nach dem Durchgang durch die Todespforte im Astralleibe erlebte Lebensbeurteilung dauert so lange wie die Zeit betragen hat, die während des Erdenlebens von dem Schlafe eingenommen war.

26. Erst nach Ablegung des Astralleibes, nach der vollendeten Lebensbeurteilung, tritt der Mensch in die geistige Welt ein. In dieser steht er zu Wesenheiten rein geistiger Art in einer solchen Beziehung wie auf der Erde zu den Wesenheiten und Vorgängen der Naturreiche. Es wird im geistigen Erleben dann alles, was im Erdenleben Außenwelt war, zur Innenwelt. Der Mensch nimmt dann nicht bloß diese Außenwelt wahr, sondern er erlebt sie in ihrer Geistigkeit, die ihm auf Erden verborgen war, als seine Innenwelt.

27. Der Mensch, wie er auf Erden ist, wird im Geistgebiet Außenwelt. Man schaut auf diesen Menschen, wie man auf Erden auf Sterne, Wolken, Berge, Flüsse schaut. Und *diese* Außenwelt ist nicht weniger inhaltreich, wie die Erscheinung des Kosmos dem irdischen Leben erscheint.

28. Die im Geistgebiet vom Geiste des Menschen erbildeten *Kräfte* wirken in der Gestaltung des Erdenmenschen fort, so wie die im physischen Menschen vollbrachten *Taten* in dem Leben nach dem Tode als Seeleninhalt fortwirken.

29. In der entwickelten imaginativen Erkenntnis wirkt, was im Innern des Menschen seelisch-geistig lebt und in seinem Leben am physischen Leib gestaltet und auf dessen Grundlage das Menschendasein in der physischen Welt entfaltet. Dem sich im Stoffwechsel immer wieder erneuernden physischen Leib steht da die in ihrem Wesen von der Geburt (bzw. Empfängnis) bis zum Tode *dauernd* sich entfaltende innere Menschenwesenheit gegenüber, dem physischen Raumesleib ein Zeitenleib.

30. In der inspirierten Erkenntnis lebt im Bilde, was das Menschenwesen in der Zeit zwischen dem Tode und einer neuen Geburt innerhalb einer geistigen Umgebung erfährt. Da ist anschaulich, was der Mensch ohne seinen physischen und Ätherleib, durch die er das irdische Dasein durchmacht, seinem Wesen nach im Weltenzusammenhange ist.

31. In der intuitiven Erkenntnis kommt das Herüberwirken früherer Erdenleben in das gegenwärtige zum Bewußtsein. Diese früheren Erdenleben haben in ihrer Weiterentwicklung die Zusammenhänge abgestreift, in denen sie mit der physischen Welt gestanden haben. Sie sind zum rein geistigen Wesenskern des Menschen geworden und wirken als solcher im gegenwärtigen Leben. Sie sind dadurch auch

Gegenstand der Erkenntnis, die als die Entfaltung der imaginierenden und inspirierten sich ergibt.

32.   In dem Haupte des Menschen ist die physische Organisation ein Abdruck der geistigen Individualität. Physischer und ätherischer Teil des Hauptes stehen als abgeschlossene Bilder des Geistigen, und *neben* ihnen in selbständiger seelisch-geistiger Wesenheit stehen der astralische und der Ichteil. Man hat es daher im Haupte des Menschen mit einer Nebeneinanderentwicklung des relativ selbständigen Physischen und Ätherischen einerseits, des Astralischen und der Ich-Organisation anderseits zu tun.

33.   In dem Gliedmaßen-Stoffwechselteil des Menschen sind die vier Glieder der Menschenwesenheit innig miteinander verbunden. Ich-Organisation und astralischer Leib sind nicht neben dem physischen und ätherischen Teil. Sie sind *in* diesen; sie beleben sie, wirken in ihrem Wachstum, in ihrer Bewegungsfähigkeit usw. Dadurch aber ist der Gliedmaßen-Stoffwechselteil wie ein Keim, der sich weiter entwickeln will, der fortwährend darnach strebt, Haupt zu werden und der fortwährend davon während des Erdenlebens des Menschen zurückgehalten wird.

34.   Die rhythmische Organisation steht in der Mitte. Hier verbinden sich Ich-Organisation und Astralleib abwechselnd mit dem physischen und ätherischen Teil und lösen sich wieder von diesen. Atmung und Blutzirkulation sind der physische Abdruck dieser Vereinigung und Loslösung. Der Ein-atmungsvorgang bildet die Verbindung ab; der Aus-atmungsvorgang die Loslösung. Die Vorgänge im Arterienblut stellen die Verbindung dar; die Vor-gänge im Venenblute die Loslösung.

35. Man versteht das physische Menschenwesen nur, wenn man es als *Bild* des Geistig-Seelischen betrachtet. Für sich genommen bleibt der physische Körper des Menschen unverständlich. Aber er ist in seinen verschiedenen Gliedern in verschiedener Art Bild des Geistig-Seelischen. Das Haupt ist dessen vollkommenstes, abgeschlossenes Sinnesbild. Alles, was dem Stoffwechsel- und Gliedmaßen-System angehört, ist wie ein Bild, das noch nicht seine Endformen angenommen hat, sondern an dem erst gearbeitet wird. Alles, was zur rhythmischen Organisation des Menschen gehört, steht in bezug auf das Verhältnis des Geistig-Seelischen zum Körperlichen zwischen diesen Gegensätzen.

36. Wer von diesem geistigen Gesichtspunkte aus das menschliche Haupt betrachtet, hat an dieser Betrachtung eine Hilfe zum Verständnisse geistiger Imaginationen; denn in den Formen des Hauptes sind imaginative Formen gewissermaßen bis zur physischen Dichte geronnen.

37. In derselben Art kann man an der Betrachtung des rhythmischen Teiles der Menschenorganisation eine Hilfe haben für das Verständnis von Inspirationen. Der physische Anblick der Lebensrhythmen trägt im Sinnesbilde den Charakter des Inspirierten.

Im Stoffwechsel- und Gliedmaßensystem hat man, wenn man diese in voller Aktion, in der Entfaltung ihrer notwendigen oder möglichen Verrichtungen betrachtet, ein sinnlich-übersinnliches Bild des rein übersinnlichen Intuitiven.

38. Ist man dazu gelangt, in der durch die vorigen Leitsätze angedeuteten Richtung den Menschen in seiner *Bildnatur* und in der dadurch sich offenbarenden Geistigkeit zu betrachten, so steht man davor, in der geistigen Welt, in der man den Menschen als Geistwesen waltend schaut, auch die seelisch-moralischen Gesetze in ihrer Wirklichkeit *mit*zuschauen. Denn die moralische Weltordnung stellt sich dann als das irdische Abbild einer zur geistigen Welt gehörigen Ordnung dar. Und physische und moralische Weltordnung gliedern sich zur Einheit zusammen.

39. Aus dem Menschen wirkt der *Wille*. Der steht den an der Außenwelt gewonnenen Naturgesetzen ganz fremd gegenüber. Das Wesen der Sinnesorgane ist noch an seiner Ähnlichkeit gegenüber den äußeren Naturgegenständen zu erkennen. In ihrer Tätigkeit kann sich der Wille noch nicht entfalten. Das Wesen, das sich im rhythmischen System des Menschen offenbart, ist allem Äußeren schon unähnlicher. In dieses System kann der Wille schon bis zu einem gewissen Grade eingreifen. Aber es ist dieses System im Entstehen und Vergehen begriffen. An diese ist der Wille noch gebunden.

40. Im Stoffwechsel- und Gliedmaßensystem offenbart sich ein Wesen zwar durch die Stoffe und die Vorgänge an den Stoffen, aber diese Stoffe und diese Vorgänge haben mit ihm nichts weiter zu tun als der Maler und seine Mittel mit dem fertigen Bilde. In dieses Wesen kann daher der Wille unmittelbar eingreifen. Erfaßt man hinter der in Naturgesetzen lebenden Menschenorganisation die im Geistigen webende Menschenwesenheit, so hat man in *dieser* ein Gebiet, in dem man das Wirken des Willens gewahr werden kann. Gegenüber dem Sinnesgebiete bleibt der menschliche Wille ein Wort ohne allen Inhalt. Und wer ihn in diesem Gebiete erfassen will, der verläßt im Erkennen das wahre Wesen des Willens und setzt etwas anderes an dessen Stelle.

41. Durch den dritten Leitsatz der vorigen Gruppe wird auf das Wesen des *menschlichen Willens* hingewiesen. Erst wenn man dieses Wesen gewahr geworden ist, steht man mit seinem Begreifen in einer Weltsphäre darinnen, in der das Schicksal (Karma) wirkt. So lange man nur die Gesetzmäßigkeit erblickt, die im Zusammenhange der Naturdinge und Naturtatsachen herrscht, bleibt man dem ganz fern, das im Schicksal gesetzmäßig wirkt.

42. In einem solchen Erfassen der Gesetzmäßigkeit im Schicksal offenbart sich auch, daß sich dieses durch den Gang des einzelnen physischen Erdenlebens nicht zum Dasein bringen kann. Solange der Mensch in demselben physischen Leibe lebt, kann er den moralischen Inhalt seines Willens nur so zur Wirklichkeit werden lassen, wie es dieser physische Leib innerhalb der physischen Welt gestattet. Erst, wenn der Mensch durch die Todespforte in die Geistessphäre eingezogen ist, kann die Geistwesenheit des Willens zur vollen Wirklichkeit gelangen. Da wird das Gute in seinen ihm entsprechenden Ergebnissen, das Schlechte in den seinigen, zunächst zur geistigen Verwirklichung kommen.

43. In dieser geistigen Verwirklichung gestaltet sich der Mensch selber zwischen dem Tode und einer neuen Geburt; er wird *wesenhaft* ein Abbild dessen, was er im Erdenleben *getan* hat. Aus diesem seinem Wesenhaften heraus gestaltet er dann beim Wieder-Betreten der Erde sein physisches Leben. Das Geistige, das im Schicksal waltet, kann im Physischen nur seine Verwirklichung finden, wenn seine entsprechende Verursachung *vor* dieser Verwirklichung sich in das geistige Gebiet zurückgezogen hat. Denn aus dem Geistigen *heraus*, nicht in der Folge der physischen Erscheinungen gestaltet sich, was sich als schicksalsgemäß auslebt.

44. Ein Übergang zu der geisteswissenschaftlichen Betrachtung der Schicksalsfrage sollte dadurch herbeigeführt werden, daß man an Beispielen aus dem Erleben einzelner Menschen den Gang des Schicksalsmäßigen in seiner Bedeutung für den Lebenslauf erörtert; z. B. wie ein Jugenderlebnis, das ganz sicher nicht in voller Freiheit durch eine Persönlichkeit herbeigeführt ist, das ganze spätere Leben zu einem großen Teile gestalten kann.

45. Es sollte die Bedeutung der Tatsache, daß im physischen Lebenslaufe zwischen Geburt und Tod der Gute unglücklich im Außenleben, der Böse wenigstens scheinbar glücklich werden kann, geschildert werden. Beispiele in Bildern sind für die Erörterung wichtiger als theoretische Erklärungen, weil sie die geisteswissenschaftliche Betrachtung besser vorbereiten.

46. Es sollte an Schicksalsfällen, die in das Dasein des Menschen so eintreten, daß man ihre Bedingungen im jeweilig gegenwärtigen Erdenleben nicht finden kann, gezeigt werden, wie gegenüber solchen Schicksalsfällen schon die rein verstandesgemäße Lebensansicht auf früheres Erleben hindeutet. Es muß natürlich aus der Art der Darstellung klar sein, daß mit solchen Darstellungen nichts Verbindliches behauptet, sondern nur etwas gesagt werden soll, das die Gedanken nach der geisteswissenschaftlichen Betrachtung der Schicksalsfrage hin orientiert.

47. Was in der Schicksalsgestaltung des Menschen liegt, das tritt nur zum allerkleinsten Teile in das gewöhnliche Bewußtsein ein, sondern es waltet zumeist im Unbewußten. Aber gerade durch die Enthüllung des Schicksalsgemäßen wird ersichtlich, wie Unbewußtes zum Bewußtsein gebracht werden kann. Es haben eben diejenigen durchaus Unrecht, die von dem zeitweilig Unbewußten so sprechen, als ob es absolut im Gebiete des Unbekannten bleiben müßte und so eine Erkenntnisgrenze darstellte. Mit jedem Stück, das sich von seinem Schicksale dem Menschen enthüllt, hebt er ein vorher Unbewußtes in das Gebiet des Bewußtseins herauf.

48. Durch ein solches Heraufheben wird man gewahr, wie innerhalb des Lebens zwischen Geburt und Tod das Schicksalsgemäße nicht gewoben wird; man wird dadurch gerade an der Schicksalsfrage auf die Betrachtung des Lebens zwischen Tod und neuer Geburt gewiesen.

49. In dem Besprechen dieses Hinausweisens des menschlichen Erlebens aus sich selbst an der Schicksalsfrage wird man ein wahres Gefühl entwickeln können für das Verhältnis des Sinnlichen und des Geistigen. Wer das Schicksal im Menschenwesen waltend schaut, der steht schon im Geistigen darinnen. Denn die Schicksalszusammenhänge haben gar nichts Naturhaftes an sich.

50. Es ist von ganz besonderer Wichtigkeit, darauf hinzuweisen, wie die Betrachtung des geschichtlichen Lebens der Menschheit dadurch belebt wird, daß man zeigt, es sind die Menschenseelen selbst, welche die Ergebnisse der einen Geschichtsepoche in die andere hinübertragen, indem sie in ihren wiederholten Erdenleben von Epoche zu Epoche wandeln.

51. Man wird leicht gegen eine solche Betrachtung einwenden, daß sie der Geschichte das Elementarische und Naive nimmt; aber man tut damit Unrecht. Sie vertieft vielmehr die Anschauung des Geschichtlichen, das sie bis in das Innerste der Menschenwesenheit hinein verfolgt. Geschichte wird dadurch reicher und konkreter, nicht ärmer und abstrakter. Man muß nur in der Darstellung Herz und Sinn für die lebende Menschenseele entwickeln, in die man dadurch tief hineinschaut.

52. Es sollen die Epochen im Leben zwischen Tod und neuer Geburt mit Beziehung auf die Karmabildung behandelt werden.

Das «Wie» dieser Behandlung der Karmabildung soll den Inhalt der weiteren Leitsätze bilden.

53.   Die Entfaltung des Menschenlebens zwischen Tod und neuer Geburt geschieht in aufeinanderfolgenden Stufen. Während weniger Tage unmittelbar nach dem Durchgang durch die Todespforte wird in *Bildern* das vorangegangene Erdenleben überschaut. Dieses Überschauen zeigt zugleich die Ablösung des Trägers dieses Lebens von der menschlichen Seelen-Geist-Wesenheit.

54.   In einer Zeit, die ungefähr ein Drittel des eben vollendeten Erdenlebens umfaßt, wird in Geisteserlebnissen, welche die Seele hat, die Wirkung erfahren, welche im Sinne einer ethisch gerechten Weltordnung das vorangegangene Erdenleben haben muß. Es wird während dieses Erlebens die Absicht erzeugt, das nächste Erdenleben zum Ausgleich der vorangegangenen so zu gestalten, wie es diesem Erleben entspricht.

55.   Eine langdauernde, rein geistige Daseinsepoche folgt, in der die Menschenseele mit andern mit ihr karmisch verbundenen Menschenseelen und mit Wesenheiten der höhern Hierarchien das kommende Erdenleben im Sinne des Karma gestaltet.

56. Die Daseinsepoche zwischen Tod und neuer Geburt, in der das Karma des Menschen gestaltet wird, kann nur auf Grund der Ergebnisse geistiger Forschung dargestellt werden. Aber es ist immer im Bewußtsein zu halten, daß diese Darstellung der Vernunft einleuchtend ist. Diese braucht nur das Wesen der Sinneswirklichkeit unbefangen zu betrachten, dann wird sie gewahr, daß dieses ebenso auf ein Geistiges hinweist, wie die Form eines Leichnams auf das ihm einwohnende Leben.

57. Die Ergebnisse der Geisteswissenschaft zeigen, daß der Mensch zwischen Tod und Geburt ebenso Geistesreichen angehört, wie er zwischen Geburt und Tod den drei Reichen der Natur, dem mineralischen, pflanzlichen und tierischen angehört.

58. Das mineralische Reich ist in der augenblicklichen Gestaltung des Menschen zu erkennen, das pflanzliche ist als Ätherleib die Grundlage seines Werdens und Wachsens, das tierische als Astralleib der Impuls für Empfindungs- und Willensentfaltung. Die Krönung des bewußten Empfindungs- und Willenslebens im *selbstbewußten* Geistesleben macht den Zusammenhang des Menschen mit der Geisteswelt unmittelbar anschaulich.

59. Eine unbefangene Betrachtung des Denkens zeigt, daß die Gedanken des gewöhnlichen Bewußtseins kein eigenes Dasein haben, daß sie nur wie Spiegelbilder von etwas auftreten. Aber der Mensch fühlt sich als *lebendig* in den Gedanken. Die *Gedanken* leben nicht; *er aber* lebt in den Gedanken. Dieses Leben urständet in Geist-Wesen, die man (im Sinne meiner «Geheimwissenschaft») als die der dritten Hierarchie, als eines Geist-Reiches, ansprechen kann.

60. Die Ausdehnung dieser unbefangenen Betrachtung auf das Fühlen zeigt, daß die Gefühle aus dem Organismus aufsteigen, daß sie aber nicht von diesem erzeugt sein können. Denn ihr Leben trägt ein vom Organismus unabhängiges Wesen in sich. Der Mensch kann sich mit seinem Organismus in der Naturwelt fühlen. Er wird aber gerade dann, wenn er dies, sich selbst verstehend tut, sich mit seiner Gefühlswelt in einem geistigen Reiche fühlen. Das ist dasjenige der zweiten Hierarchie.

61. Als Willenswesen wendet sich der Mensch nicht an seinen Organismus, sondern an die Außenwelt. Er frägt nicht, wenn er gehen will, was empfinde ich in meinen Füßen, sondern, was ist dort draußen für ein Ziel, zu dem ich kommen will. Er vergißt seinen Organismus, indem er will. In seinem Willen gehört er *seiner* Natur nicht an. Er gehört da dem Geistes-Reich der ersten Hierarchie an.

62. Die Sinneswelt trägt in den Sinneswahrnehmungen nur einen Teil des Wesens an die Oberfläche, das sie in ihren Wellentiefen birgt. Bei eindringlicher geistgemäßer Beobachtung zeigt sie, daß in diesen Tiefen die Nachwirkungen dessen sind, was Menschenseelen noch in langvergangenen Zeiten gewirkt haben.

63. Die menschliche Innenwelt offenbart dem gewöhnlichen Selbstbetrachten nur einen Teil dessen, in dem sie darinnen steht. Bei erstarktem Erleben zeigt sie, daß sie in einer geistlebendigen Wirklichkeit steht.

64. In dem Schicksal des Menschen offenbart sich nicht bloß die Wirksamkeit einer Außenwelt, sondern auch diejenige des eigenen Selbst.

65. In den menschlichen Seelen-Erlebnissen offenbart sich nicht bloß ein Selbst, sondern auch eine Geistwelt, die das Selbst in geistmäßiger Erkenntnis mit der eigenen Wesenheit verbunden wissen kann.

66. Die Wesenheiten der dritten Hierarchie offenbaren sich in dem Leben, das im menschlichen Denken als Geist-Hintergrund zur Entfaltung gelangt. Dieses Leben verbirgt sich in der menschlichen Denktätigkeit. Wirkte sie in dieser als Eigensein fort, so könnte der Mensch nicht zur Freiheit gelangen. Wo kosmische Denktätigkeit aufhört, beginnt menschliche Denktätigkeit.

67. Die Wesenheiten der zweiten Hierarchie offenbaren sich in einem außermenschlichen Seelischen, das dem menschlichen Fühlen als kosmisch-seelisches Geschehen verborgen ist. Dieses Kosmisch-Seelische schafft im Hintergrunde des menschlichen Fühlens. Es gestaltet das Menschlich-Wesenhafte zum Gefühls-Organismus, bevor in diesem selbst das Fühlen leben kann.

68. Die Wesenheiten der ersten Hierarchie offenbaren sich in einem außermenschlichen Geistschaffen, das dem menschlichen Wollen als kosmischgeistige Wesenswelt innewohnt. Dieses Kosmisch-Geistige erlebt sich selbst schaffend, indem der Mensch will. Es gestaltet den Zusammenhang des Menschlich-Wesenhaften mit der außermenschlichen Welt, bevor der Mensch durch seinen Willens-Organismus zum frei wollenden Wesen wird.

69. Die dritte Hierarchie offenbart sich als ein rein Geistig-Seelisches. Sie webt in dem, was der Mensch auf seelische Art ganz innerlich erlebt. Weder im Ätherischen, noch im Physischen könnten Vorgänge entstehen, wenn nur diese Hierarchie wirkte. Seelisches könnte allein da sein.

70. Die zweite Hierarchie offenbart sich als ein Geistig-Seelisches, das im Ätherischen wirkt. Alles Ätherische ist Offenbarung der zweiten Hierarchie. Sie offenbart sich aber nicht unmittelbar im Physischen. Ihre Stärke reicht nur bis zu den ätherischen Vorgängen. Es würde nur Seelisches und Ätherisches bestehen, wenn nur dritte und zweite Hierarchie wirkten.

71. Die stärkste, erste Hierarchie offenbart sich als das im Physischen geistig Wirksame. Sie gestaltet die physische Welt zum Kosmos. Die dritte und zweite Hierarchie sind dabei die dienenden Wesenheiten.

72. Sobald man an die höheren Glieder der menschlichen Wesenheit: den ätherischen, astralischen Leib und die Ich-Organisation herantritt, ist man genötigt, das Verhältnis des Menschen zu den Wesen der geistigen Reiche zu suchen. Nur die physische Leibesorganisation kann von den drei physischen Naturreichen aus beleuchtet werden.

73. Im Ätherleibe gliedert sich dem Menschenwesen die Intelligenz des Kosmos ein. Daß dies geschehen kann, setzt die Tätigkeit von Welt-Wesen voraus, die in ihrem Zusammenwirken den menschlichen Ätherleib so gestalten, wie die physischen Kräfte den physischen.

74. Im Astralleibe prägt die geistige Welt dem Menschenwesen die moralischen Impulse ein. Daß diese in der menschlichen Organisation sich darleben können, ist von der Tätigkeit solcher Wesen abhängig, die das Geistige nicht nur denken, sondern wesenhaft gestalten können.

75. In der Ich-Organisation erlebt der Mensch im physischen Leib sich selbst als Geist. Daß dies geschehen kann, ist die Tätigkeit von Wesen notwendig, die selbst als geistige in der physischen Welt leben.

76. Will man eine Vorstellung der ersten Hierarchie (Seraphim, Cherubim und Throne) hervorrufen, so wird man darnach suchen müssen, Bilder zu gestalten, in denen Geistiges (nur übersinnlich Schaubares) in den Formen sich wirkend offenbart, die in der Sinnenwelt zur Erscheinung kommen. Geistiges in sinnenfälliger Bildlichkeit muß Inhalt der Gedanken über die erste Hierarchie sein.

77. Will man eine Vorstellung der zweiten Hierarchie (Kyriotetes, Dynameis, Exusiai) hervorrufen, so wird man darnach suchen müssen, Bilder zu gestalten, in denen Geistiges nicht in sinnenfälligen Formen, sondern auf rein geistige Art sich offenbart. Geistiges in nicht-sinnenfälliger, sondern rein geistiger Bildlichkeit muß der Inhalt der Gedanken über die zweite Hierarchie sein.

78. Will man eine Vorstellung der dritten Hierarchie (Archai, Archangeloi, Angeloi) hervorrufen, so wird man darnach suchen müssen, Bilder zu gestalten, in denen Geistiges nicht in sinnenfälligen Formen, aber auch nicht auf rein geistige Art, sondern so sich offenbart, wie Denken, Fühlen und Wollen in der menschlichen Seele sich darleben. Geistiges in seelenhafter Bildlichkeit muß der Inhalt der Gedanken über die dritte Hierarchie sein.

79. An die dritte Hierarchie (Archai, Archangeloi, Angeloi) kann man geistig herantreten, wenn man Denken, Fühlen und Wollen so kennen lernt, daß man in ihnen das in der Seele wirkende Geistige gewahr wird. Das Denken stellt zunächst nur *Bilder*, nicht ein Wirkliches in die Welt. Das Fühlen webt in diesem Bildhaften; es spricht für ein Wirkliches im Menschen, kann es aber nicht ausleben. Das Wollen entfaltet eine Wirklichkeit, die den Leib voraussetzt, aber an seiner Gestaltung nicht bewußt mitwirkt. Das Wesenhafte, das im Denken lebt, um den Leib zur Grundlage dieses Denkens zu machen; das Wesenhafte, das im Fühlen lebt, um den Leib zum Mit-Erleber einer Wirklichkeit zu machen; das Wesenhafte, das im Wollen lebt, um an seiner Gestaltung bewußt mitzuwirken, ist in der dritten Hierarchie lebendig.

80. An die zweite Hierarchie (Exusiai, Dynamis, Kyriotetes) kann man geistig herantreten, wenn man die Naturtatsachen als Erscheinungen eines in ihnen *lebenden* Geistigen erschaut. Die zweite Hierarchie hat dann die Natur zu ihrem Aufenthalt, um in ihr an den Seelen zu wirken.

81. An die erste Hierarchie (Seraphim, Cherubim, Throne) kann man geistig herantreten, wenn man die im Natur- und Menschenreich vorhandenen Tatsachen als die Taten (Schöpfungen) eines in ihnen wirkenden Geistigen erschaut. Die erste Hierarchie hat dann das Natur- und Menschenreich zu ihrer Wirkung, in der sie sich entfaltet.

82.   Der Mensch blickt zu den Sternenwelten auf; was sich da den Sinnen darbietet, sind nur die äußeren Offenbarungen derjenigen Geistwesenheiten und ihrer Taten, von denen in den vorigen Betrachtungen als den Wesen der geistigen Reiche (Hierarchien) gesprochen worden ist.

83.   Die Erde ist der Schauplatz der drei Naturreiche und des Menschenreiches, insofern diese den äußeren Sinnenschein von der Tätigkeit geistiger Wesenheiten offenbaren.

84.   Die Kräfte, welche in die irdischen Naturreiche und in das Menschenreich von seiten geistiger Wesen hineinwirken, enthüllen sich dem Menschengeiste durch die wahre, die geistgemäße Erkenntnis der Gestirnwelten.

85.   Im wachen Tagesbewußtsein erlebt sich im gegenwärtigen Weltenalter zunächst der Mensch. Dieses Erleben verhüllt ihm, daß innerhalb der Wachheit die dritte Hierarchie in seinem Erleben gegenwärtig ist.

86.   Im Traumbewußtsein erlebt der Mensch in chaotischer Art das eigene Wesen mit dem Geistwesen der Welt unharmonisch vereinigt. Stellt sich dem Traumbewußtsein das imaginative als dessen anderer Pol gegenüber, so wird der Mensch gewahr, daß die zweite Hierarchie in seinem Erleben gegenwärtig ist.

87.   Im traumlosen Schlafbewußtsein erlebt der Mensch ohne eigene Bewußtheit das eigene Wesen mit dem Geistwesen der Welt vereinigt. Stellt sich dem Schlafbewußtsein das inspirierte, als dessen anderer Pol gegenüber, so wird der Mensch gewahr, daß die erste Hierarchie in seinem Erleben gegenwärtig ist.

88. Im wachen Tagesbewußtsein erlebt sich im gegenwärtigen Weltenalter der Mensch als innerhalb der physischen Welt stehend. Dieses Erleben verbirgt ihm, daß innerhalb seiner eigenen Wesenheit die Wirkungen eines Lebens zwischen Tod und Geburt vorhanden sind.

89. Im Traumbewußtsein erlebt der Mensch in chaotischer Art das eigene Wesen mit dem Geisteswesen der Welt unharmonisch vereint. Das Wachbewußtsein kann den eigentlichen Inhalt dieses Traumbewußtseins nicht ergreifen. Es enthüllt sich dem imaginativen und inspirierten Bewußtsein, daß die Geistwelt, die der Mensch zwischen Tod und Geburt durchlebt, an dem Aufbau seines Innenwesens beteiligt ist.

90. Im traumlosen Schlafbewußtsein erlebt der Mensch ohne eigene Bewußtheit das eigene Wesen als durchdrungen mit den Ergebnissen vergangener Erdenleben. Das inspirierte und intuitive Bewußtsein dringt zur Anschauung dieser Ergebnisse vor und sieht das Wirken voriger Erdenleben in dem Schicksalsverlauf (Karma) des gegenwärtigen.

91. Der Wille tritt in das gewöhnliche Bewußtsein im heutigen Weltalter nur durch den Gedanken ein. Dieses gewöhnliche Bewußtsein kann aber nur an das sinnlich Wahrnehmbare anknüpfen. Es ergreift auch an dem eigenen Willen nur das, was von diesem in die sinnliche Wahrnehmungswelt eintritt. Der Mensch weiß in diesem Bewußtsein von seinen Willensimpulsen nur durch die vorstellende Beobachtung seiner selbst, wie er von der Außenwelt nur durch Beobachtung weiß.

92. Das Karma, das im Willen wirkt, ist eine ihm aus vorangegangenen Erdenleben anhaftende Eigenschaft. Diese kann daher nicht durch die Vorstellungen des gewöhnlichen Sinnesseins, die nur auf das gegenwärtige Erdenleben hin orientiert sind, erfaßt werden.

93. Weil diese Vorstellungen das Karma nicht erfassen können, verweisen sie das ihnen an den menschlichen Willens-Impulsen entgegentretende Unverständliche in das mystische Dunkel der Körperkonstitution, während es die Wirkung vorangegangener Erdenleben ist.

94.   Mit dem gewöhnlichen Vorstellungsleben, das durch die Sinne vermittelt wird, steht der Mensch in der physischen Welt. Um diese in sein Bewußtsein aufzunehmen, muß das Karma im Vorstellungsleben schweigen. Der Mensch *vergißt* gewissermaßen als Vorstellender sein Karma.

95.   In den Willensoffenbarungen wirkt das Karma. Aber die Wirkung bleibt im Unbewußten. Durch das Erheben dessen, was im Willen unbewußt wirkt, zur Imagination, wird das Karma ergriffen. Man fühlt in sich sein Schicksal.

96.   Tritt Inspiration und Intuition in die Imagination ein, dann wird im Willenswirken außer den Impulsen der Gegenwart das Ergebnis voriger Erdenleben wahrnehmbar. Das vergangene Leben erweist sich in dem gegenwärtigen als wirksam.

97. Eine gröbere Darstellung darf sagen: in der Seele des Menschen leben *Denken, Fühlen* und *Wollen*. Eine feinere muß sagen: Denken enthält immer einen Untergrund von Fühlen und Wollen, Fühlen einen solchen von Denken und Wollen, Wollen einen von Denken und Fühlen. Im Gedankenleben ist nur das Denken, im Gefühlsleben das Fühlen, im Willensleben das Wollen gegenüber den anderen Seeleninhalten vorherrschend.

98. Das Fühlen und Wollen des Gedankenlebens enthalten das karmische Ergebnis voriger Erdenleben. Das Denken und Wollen des Gefühlslebens bestimmen auf karmische Art den Charakter. Das Denken und Fühlen des Willenslebens reißen das gegenwärtige Erdenleben aus dem karmischen Zusammenhange heraus.

99. Im Fühlen und Wollen des Denkens lebt der Mensch sein Karma der Vergangenheit aus; im Denken und Fühlen des Wollens bereitet er das Karma der Zukunft vor.

100. Die Gedanken haben ihren eigentlichen Sitz im ätherischen Leib des Menschen. Aber da sind sie lebendig-wesenhafte Kräfte. Sie prägen sich dem physischen Leibe ein. Und als solche «eingeprägte Gedanken» haben sie die schattenhafte Art, in der sie das gewöhnliche Bewußtsein kennt.

101. Was in den Gedanken als Fühlen lebt, das kommt vom astralischen Leib, was als Wollen, vom «Ich» her. Im Schlafen erstrahlt der Ätherleib des Menschen durchaus in dessen Gedankenwelt; nur der Mensch nimmt nicht daran teil, weil er das Fühlen der Gedanken mit dem Astralleib, das Wollen derselben mit dem «Ich» aus dem ätherischen und physischen Leib herausgezogen hat.

102. In dem Augenblicke, in dem während des Schlafes der astralische Leib und das Ich das Verhältnis zu den Gedanken des Ätherleibes lösen, gehen sie ein solches zu dem «Karma», zur Anschauung der Geschehnisse durch die wiederholten Erdenleben hindurch ein. Diese Anschauung ist dem gewöhnlichen Bewußtsein versagt; ein übersinnliches Bewußtsein tritt in sie ein.

103. In der Menschheits-Entwicklung steigt das Bewußtsein auf der Leiter der Gedanken-Entfaltung herab. Es gibt eine erste Bewußtseins-Etappe: da erlebt der Mensch die Gedanken im «Ich» als durchgeistigte, beseelte, belebte Wesen. Auf einer zweiten Etappe erlebt der Mensch die Gedanken im astralischen Leib; sie stellen da nur mehr die beseelten und belebten Abbilder der Geistwesen dar. Auf einer dritten Etappe erlebt der Mensch die Gedanken im Äther-Leibe; sie stellen nur eine innere Regsamkeit wie einen Nachklang von Seelenhaftem dar. Auf der vierten, gegenwärtigen Etappe erlebt der Mensch die Gedanken im physischen Leibe; sie stellen tote Schatten des Geistigen dar.

104. In demselben Maße, in dem das Geistig-Seelisch-Lebendige im Menschendenken zurücktritt, lebt des Menschen Eigenwille auf; die Freiheit wird möglich.

105. Es ist Michaels Aufgabe, den Menschen auf den Bahnen des Willens dahin wieder zu führen, woher er gekommen ist, da er auf den Bahnen des Denkens von dem Erleben des Übersinnlichen zu dem des Sinnlichen mit seinem Erdenbewußtsein heruntergestiegen ist.

106. Michael geht die Wege wieder aufwärts, welche die Menschheit abwärts auf den Stufen der Geistesentwicklung bis zur Intelligenzbetätigung gegangen ist. Nur wird Michael den Willen aufwärts die Bahnen führen, welche die Weisheit bis zu ihrer letzten Stufe, der Intelligenz, abwärts gegangen ist.

107. Wie Michael von diesem Zeitpunkte der Weltentwicklung seinen Weg *bloß zeigt*, sodaß ihn der Mensch in Freiheit wandeln kann, das unterscheidet *diese* Michael-Führung von allen früheren Erzengel-Führungen, ja von allen früheren Michael-Führungen selbst. Diese Führungen *wirkten* im Menschen; sie zeigten nicht bloß ihr Wirken, sodaß der Mensch in dem seinigen damals nicht frei sein konnte.

108. Dieses *einzusehen*, ist des Menschen gegenwärtige Aufgabe, damit er mit seiner ganzen Seele seinen Weg des Geistes innerhalb des Michael-Zeitalters finden könne.

109. Sich der Michael-Wirksamkeit im geistigen Weltzusammenhang recht bewußt werden, heißt das Rätsel der menschlichen Freiheit aus den kosmischen Zusammenhängen heraus lösen, soweit die Lösung dem Erdenmenschen notwendig ist.

110. Denn die «Freiheit» ist als Tatsache jedem Menschen, der sich selber im gegenwärtigen Abschnitt der Menschheitsentwicklung versteht, unmittelbar gegeben. Keiner darf sagen, wenn er nicht eine offenbare Tatsache leugnen will, «Freiheit ist nicht». Aber man kann einen Widerspruch finden zwischen dem, was so tatsächlich gegeben ist, und den Vorgängen im Kosmos. In der Betrachtung von Michaels Sendung im Kosmos fällt dieser Widerspruch hinweg.

111. In meiner «Philosophie der Freiheit» findet man die «Freiheit» des Menschenwesens in der gegenwärtigen Weltzeit als Inhalt des Bewußtseins nachgewiesen; in den Darstellungen der Michael-Mission, die hier gegeben werden, findet man das «Werden dieser Freiheit» kosmisch begründet.

112. Das Göttlich-Geistige kommt im Kosmos in den folgenden Etappen auf verschiedene Art zur Geltung: 1. durch seine ureigene *Wesenheit*; 2. durch die *Offenbarung* dieser Wesenheit; 3. durch die *Wirksamkeit*, wenn die Wesenheit aus der Offenbarung sich zurückzieht; 4. durch das *Werk*, wenn in dem erscheinenden Weltall das Göttliche nicht mehr ist, sondern nur dessen Formen.

113. Der Mensch hat in der gegenwärtigen Naturanschauung nicht ein Verhältnis zu dem Göttlichen, sondern nur zu dessen Werk. Mit dem, was sich der menschlichen Seelenverfassung durch diese Anschauung mitteilt, kann man sich als Mensch sowohl mit den Christus-Mächten wie mit den ahrimanischen Gewalten zusammenschließen.

114. Michael ist durchdrungen von dem Bestreben, das im Menschen aus den Zeiten der göttlichen Wesensgeltendmachung und der Offenbarung bewahrte Verhältnis zum Kosmos in einer solchen Art durch sein *frei* wirkendes Vorbild der menschlich-kosmischen Entwicklung einzuverleiben, daß, was die rein auf das Bild, die Form des Göttlichen bezügliche Naturanschauung sagt, einläuft in eine höhere, geistgemäße Naturanschauung. Diese wird zwar im Menschen vorhanden sein; sie wird aber eben ein

menschliches Nacherlebnis des göttlichen Verhält-
nisses zum Kosmos während der zwei ersten Etappen der kosmischen Entwicklung sein. Anthroposophie bejaht in dieser Art die Naturanschauung
des Bewußtseinszeitalters; sie ergänzt sie aber auch
durch eine solche, die von dem Blick des Geistes-
Auges aus sich ergibt.

115. Der Mensch wandelt seinen Weg durch den Kosmos so, daß ihm die Rückschau in die Vorwelt gefälscht werden kann durch luziferische Impulse, und das Vorwärtssinnen in die Zukunft getäuscht werden kann durch ahrimanische Verlockungen.

116. Zu den luziferischen Fälschungen findet der Mensch die rechte Stellung durch die Durchdringung seiner Gesinnung für Erkenntnis und Leben mit der Michael-Wesenheit und der Michael-Mission.

117. Dadurch aber bewahrt sich der Mensch auch vor den ahrimanischen Verlockungen, denn der Geist-Weg in die äußere Natur, der durch Michael angeregt wird, führt zu der rechten Stellung zu dem Ahrimanischen, weil das rechte Erleben mit Christus gefunden wird.

118.   Eine freie Handlung kann nur diejenige sein, bei der kein Naturgeschehen in oder außer dem Menschen mitwirkt.

119.   Dem steht als der polarische Gegensatz gegenüber, daß im freien Wirken der Menschen-Individualität in dieser ein Naturgeschehen unterdrückt wird, das bei unfreiem Handeln da wäre und dem Menschenwesen seine ihm kosmisch vorbestimmte Gestaltung gäbe.

120.   Diese Gestaltung, die dem Menschen, der in seinem Wesen mit dem gegenwärtigen und zukünftigen Welten-Entwicklungs-Stadium mitlebt, *nicht* auf naturgemäßem Wege zukommt, kommt ihm auf geistgemäßem zu durch das Sich-Verbinden mit Michael, wodurch er auch den Weg zu Christus findet.

121.   Man hat ein in der Welt Wirkendes, z. B. die Weltgedanken, in seiner Bedeutung für die Welt noch nicht durchschaut, wenn man bei diesem Wirkenden an sich stehen bleibt; sondern man muß erkennend auf die Wesen blicken, von denen das Wirkende ausgeht; z. B. für die Weltgedanken, ob sie von Michael oder Ahriman in und durch die Welt getragen werden.

122.   Was von dem einen Wesen ausgehend, wegen dessen Verhältnis zur Welt, heilsam und schaffend wirken kann, das kann sich verderblich und zerstörend erweisen, wenn es von einem andern Wesen ausgeht. Die Weltgedanken tragen den Menschen in die Zukunft, wenn er sie von Michael empfängt; sie führen ihn von der ihm heilsamen Zukunft hinweg, wenn Ahriman sie ihm geben kann.

123.   Durch solche Betrachtungen wird man immer mehr dazu gebracht, die Anschauung von einer unbestimmten Geistigkeit, die pantheistisch auf dem Grunde der Dinge walten soll, zu überwinden; und man wird zu einer bestimmten, konkreten geführt, die von den *geistigen Wesen* der höheren Hierarchien sich Vorstellungen machen kann. Denn die Wirklichkeit besteht ja überall im Wesenhaften; und was in ihr nicht Wesenhaftes ist, das ist die Tätigkeit, die sich im Verhältnisse von Wesen zu Wesen abspielt. Es kann nur begriffen werden, wenn man den Blick auf die tätigen Wesen werfen kann.

124. Dem Aufgang des Bewußtseinszeitalters (fünfzehntes Jahrhundert) geht in der Abenddämmerung des Zeitalters der Verstandes- oder Gemütsseele ein erhöhtes luziferisches Wirken voran, das auch noch in der neuen Epoche eine Zeitlang fortdauert.

125. Dieses luziferische Wirken möchte alte Formen des Bild-Vorstellens der Welt unrechtmäßig bewahren und den Menschen davon zurückhalten, das physische Weltdasein durch Intellektualität zu begreifen und sich in dieses hineinzuleben.

126. Michael verbindet sich mit dem Menschheits-Wirken, damit die selbständige Intellektualität bei dem angestammten Göttlich-Geistigen verbleibe, doch nicht in luziferischer, sondern in rechtmäßiger Art.

127.   Die Menschenseele entwickelt im Beginne des Bewußtseinszeitalters noch in geringem Maße ihre intellektuellen Kräfte. Es entsteht eine Zusammenhanglosigkeit zwischen dem, was diese Seele in ihren unbewußten Untergründen ersehnt und dem, was ihr die Kräfte aus der Region, in der Michael ist, geben können.

128.   In dieser Zusammenhanglosigkeit besteht eine gesteigerte Möglichkeit für die luziferischen Mächte, den Menschen bei den kosmischen Kindheitskräften zurückzuhalten und ihn zur weiteren Entfaltung *nicht* auf den Wegen der göttlich-geistigen Mächte, mit denen er vom Anfang an verbunden war, sondern auf den luziferischen kommen zu lassen.

129.   Es besteht die weitere gesteigerte Möglichkeit für die ahrimanischen Mächte, den Menschen von den kosmischen Kindheitskräften abzuschnüren, und ihn für die weitere Entfaltung in ihren eigenen Bereich zu ziehen.

130.   Beides ist nicht geschehen, weil die Michael-Kräfte *doch* tätig waren; aber die Geistesentwicklung der Menschheit mußte unter den durch diese Möglichkeiten entstandenen Hemmungen geschehen und wurde *dadurch*, was sie bis jetzt geworden ist.

131. Im beginnenden Zeitalter der Bewußtseinsseele will sich die im Menschen emanzipierte Intellektualität mit den Bekenntnis- und Kultuswahrheiten beschäftigen. Das menschliche Seelenleben muß dadurch ein Schwanken erleben. Man will Wesenhaftes, das vorher seelisch erlebt worden ist, logisch beweisen. Man will Kultusinhalte, die in Imaginationen ergriffen werden müssen, mit der logischen Schlußfolgerung ergreifen; ja sie nach dieser gestalten.

132. Das alles ist damit zusammenhängend, daß *Michael* unter allen Umständen jede Berührung mit der gegenwärtigen Erdenwelt, die der *Mensch* betreten *muß*, vermeiden will, daß er aber dennoch die kosmische Intellektualität, die er in der Vergangenheit verwaltet hat, weiter im Menschen geleiten soll. Dadurch entsteht durch die Michael-Kräfte eine dem Fortgang der Welt-Entwicklung *notwendige* Störung des kosmischen Gleichgewichtes.

133. Erleichtert wird Michael dadurch seine Mission, daß gewisse Persönlichkeiten – die echten Rosenkreutzer – ihr äußeres Erdenleben so einrichten, daß es mit gar nichts in ihr inneres Seelenleben hineinwirkt. Sie können dadurch in ihrem Innern Kräfte ausbilden, durch die sie im Geistigen mit Michael zusammenwirken, ohne daß dieser in die Gefahr kommt, in das gegenwärtige Erdengeschehen verstrickt zu werden, was ihm unmöglich wäre.

134. In der allerersten Zeit der Bewußtseinsseelen-entwicklung erfühlt der Mensch, wie ihm das vorher imaginativ gegebene Bild der Menschheit, seiner eigenen Wesenheit, verloren gegangen ist. Ohnmächtig, es in der Bewußtseinsseele schon zu finden, sucht er es auf naturwissenschaftlichem oder historischem Wege. Er möchte in sich das alte Menschheitsbild wieder erstehen lassen.

135. Man gelangt dadurch nicht zu einem wirklichen Erfülltsein mit der menschlichen Wesenheit, sondern nur zu Illusionen. Aber man bemerkt es nicht; und sieht darin etwas die Menschheit Tragendes.

136. So muß Michael in der Zeit, die seiner Erdenwirksamkeit vorangeht, mit Sorge und in Leid auf die Menschheitsentwicklung sehen. Denn die Menschheit verpönt jede Geistesbetrachtung und schneidet sich dadurch alles ab, was sie mit Michael verbindet.

137.   Die Tätigkeit in der Welt- und Menschheits-Entwicklung, die durch die Michael-Kräfte zustande kommt, *wiederholt* sich *rhythmisch*, wenn auch in abgeänderter und fortschreitender Form vor und nach dem Mysterium von Golgatha.

138.   Das Mysterium von Golgatha ist das *einmalige* größte Ereignis innerhalb der Menschheits-Entwicklung. Da kann nicht von einer rhythmischen Wiederholung die Rede sein. Denn wenn auch diese Menschheits-Entwicklung in einem gewaltigen Weltenrhythmus drinnen steht, so ist sie doch eben das weitausgedehnte *Eine* Glied in diesem Rhythmus. Bevor sie dieses Eine Glied wurde, war die Menschheit etwas wesentlich anderes als Menschheit; nachher wird sie wieder etwas anderes sein. Es finden also während der Menschheitsentwicklung viele Michael-Ereignisse, aber nur Ein Ereignis von Golgatha statt.

139.   In der schnellen rhythmischen Wiederholung eines Jahrlaufes vollzieht das göttlich-geistige Wesen, das zur Durchgeistigung des Naturgeschehens in die Erdentiefen niedergestiegen ist, dieses Geschehen. Es stellt die Durchseelung der Natur mit den Ursprungs- und ewigen *Kräften* dar, die wirksam bleiben müssen, wie der herabgestiegene

Christus die Durchseelung der Menschheit mit dem Ursprungs- und ewigen *Logos* darstellt, der zum Heile der Menschheit mit seiner Wirksamkeit niemals aufhören soll.

140. Das kosmische Geschehen, in das die Menschheitsentwicklung einverwoben ist, und das sich im Menschenbewußtsein als «Geschichte» – im umfassendsten Sinne spiegelt, gliedert sich: in die langdauernde Himmelsgeschichte, die kürzere mythologische Geschichte und in die verhältnismäßig ganz kurze Erdgeschichte.

141. Dieses kosmische Geschehen zerfällt gegenwärtig in das «nicht zu berechnende» Wirken göttlich-geistiger Wesen, die in freier Intelligenz und freiem Willen schaffen, und in das «berechenbare» Geschehen des Weltenleibes.

142. Gegen das Berechenbare des Weltenleibes stellen sich die luziferischen, gegen das in freier Intelligenz und freiem Willen Schaffende die ahrimanischen Mächte.

143. Das Ereignis von Golgatha ist eine freie kosmische Tat, die der Welten-Liebe entstammt und nur durch Menschen-Liebe erfaßt werden kann.

144. Schaut man in die wiederholten Erdenleben eines Menschen zurück, so gliedern sich diese in drei verschiedene Stadien: ein ältestes, in dem der Mensch noch nicht individuell-wesenhaft, sondern als Keim in göttlich-geistiger Wesenheit vorhanden ist. Man findet da beim Zurückschauen noch nicht einen Menschen, sondern göttlich-geistige Wesen (die Urkräfte, Archai).

145. Daran schließt sich ein mittleres Stadium, in dem der Mensch zwar schon individuell-wesenhaft vorhanden ist, aber noch nicht losgelöst vom Denken und Wollen und Wesen der göttlich-geistigen Welt. Er hat da noch nicht seine gegenwärtige Persönlichkeit, die damit zusammenhängt, daß er ein völlig eigenes Wesen in seiner Erderscheinung, losgelöst von der göttlich-geistigen Welt, ist.

146. Als drittes Stadium tritt erst das gegenwärtige auf. Der Mensch erlebt sich in seiner Menschengestalt, losgelöst von der göttlich-geistigen Welt; und er erlebt die Welt als Umgebung, der er individuell-persönlich gegenübersteht. Dieses Stadium beginnt in der atlantischen Zeit.

147.   Auch die Leben zwischen Tod und neuer Geburt zeigen drei Perioden. In einer ersten lebt der Mensch ganz in der Hierarchie der Archai. Von ihnen wird seine spätere Menschengestalt für die physische Welt vorbereitet.

148.   Die Archai bereiten damit das Menschenwesen dazu vor, später das freie Selbstbewußtsein zu entfalten; denn dieses kann nur in Wesen sich entwickeln, die es durch die Gestalt, die hier geschaffen wird, aus einem innern Impuls der Seele zur Darstellung bringen können.

149.   Damit zeigt sich, wie die Keime der Menschheitseigenschaften und Menschheitskräfte, die in unserem Weltenalter zur Offenbarung kommen, in längstvergangenen Weltenaltern veranlagt werden, und wie der Mikrokosmos aus dem Makrokosmos herauswächst.

150.   In einer zweiten Periode der Entwicklung der Leben zwischen Tod und neuer Geburt tritt der Mensch in den Bereich der Archangeloi. Während derselben wird der Keim zur späteren Selbstbewußtheit in das Seelische gelegt, nachdem er in der Formung der Menschengestalt in der ersten Periode veranlagt worden ist.

151.   Der Mensch wird während dieser zweiten Periode durch die luziferischen und ahrimanischen Einflüsse tiefer in das Physische gedrängt, als es ohne diese Einflüsse geschehen würde.

152.   In der dritten Periode gelangt der Mensch in den Bereich der Angeloi, die aber nur in Astralleib und Ich ihren Einfluß geltend machen. Diese Periode ist die gegenwärtige. Was in den beiden ersten Perioden geschehen ist, lebt in der Menschenentwicklung fort und erklärt die Tatsache, daß innerhalb des Zeitalters der Bewußtseinsseele (im neunzehnten Jahrhundert) der Mensch in die geistige Welt wie in eine völlige Finsternis hineinstarrt.

153.   Man hat sich im Beginne des Zeitalters der Bewußtseinsseele gewöhnt, den Blick auf die räumlich-physische Größe des Weltenalls zu lenken, und vor allem *diese* zu empfinden. Deshalb nennt man die Erde ein Staubkorn innerhalb dieses physisch mächtig erscheinenden Weltenalls.

154.   Vor dem schauenden Bewußtsein offenbart sich dieses «Staubkorn» als die Keimanlage eines neu entstehenden Makrokosmos, während der alte sich als erstorben erweist. Er mußte ersterben, damit der Mensch mit vollem Selbstbewußtsein sich von ihm absondern konnte.

155.   In der kosmischen Gegenwart nimmt der Mensch mit seinen ihn befreienden Gedankenkräften an dem erstorbenen, mit seinen ihm ihrem Wesen nach verborgenen Willenskräften an dem als Erdenwesen keimenden, neu auflebenden Makrokosmos teil.

156.   Im Wachzustande muß der Mensch, um *sich* im vollen, freien Selbstbewußtsein zu erleben, auf das Erleben der wahren Gestalt der Wirklichkeit im eigenen und im Naturdasein verzichten. Er erhebt sich aus dem Meere dieser Wirklichkeit, um in den Gedankenschatten das *eigene Ich* zum wirklich *eigenen* Erleben zu machen.

157.   Im Schlafzustande lebt der Mensch mit dem Leben der Erden-Umgebung; aber dieses Leben löscht sein Selbstbewußtsein aus.

158.   Im Träumen flackert im Halbbewußtsein das kraftvolle Weltensein auf, aus dem des Menschen Wesen gewoben ist und aus dem er beim Niedersteigen aus der Geistwelt seinen Leib bildet. Im Erdenleben wird dieses kraftvolle Weltensein im Menschen bis in die Gedankenschatten zum Ersterben gebracht, da es nur so dem selbstbewußten Menschen die Grundlage sein kann.

159. Gnosis entfaltet sich in ihrer eigentlichen Gestalt im Zeitalter der Empfindungsseele (viertes bis erstes Jahrtausend vor dem Eintritte des Mysteriums von Golgatha). Das «Göttliche» offenbart sich dem Menschen in diesem Zeitalter im Innern als Geist-Inhalt, wogegen es sich im vorangehenden Zeitalter des Empfindungsleibes an den Sinnes-Eindrücken der Außenwelt geoffenbart hat.

160. Im Zeitalter der Verstandes- oder Gemütsseele kann der Geist-Inhalt des «Göttlichen» nur in verblaßter Art erlebt werden. Es wird die Gnosis in strengen Mysterien bewahrt, und als Menschen dies nicht mehr können, weil sie die Empfindungsseele zu beleben nicht mehr imstande sind, da wird in das Mittelalter hinüber durch Geistwesen zwar nicht der Erkenntnis-Inhalt, aber der Gefühlsgehalt getragen. (Die Gral-Legende enthält die Andeutung davon.) Daneben wird die exoterische Gnosis, die in die Verstandes- oder Gemütsseele eindringt, ausgerottet.

161. Die Anthroposophie kann nicht eine Erneuerung der Gnosis sein, denn diese hing an der Entfaltung der Empfindungsseele. Anthroposophie muß im Lichte der Michael-Tätigkeit aus der Bewußtseinsseele heraus ein Welt- und Christus-Verständnis auf neue Art entwickeln. Die Gnosis war die aus alter Zeit bewahrte Erkenntnisart, die das Mysterium von Golgatha bei seinem Eintritte am besten zum Menschenverständnisse bringen konnte.

162. Im Vorstellen lebt der Mensch mit seiner Bewußtseinsseele nicht im Sein, sondern im Bild-Sein, im Nicht-Sein. Dadurch ist er vom Mit-Erleben mit dem Kosmos *befreit*. Bilder zwingen nicht. Nur das Sein zwingt. Richtet sich der Mensch doch nach Bildern, so ist das von den Bildern ganz unabhängig, das heißt in Freiheit von der Welt.

163. In dem Augenblicke eines solchen Vorstellens hängt der Mensch mit dem Sein der Welt nur durch das zusammen, das er aus der Vergangenheit seiner früheren Erdenleben und seiner Leben zwischen Tod und Geburt geworden ist.

164. Diesen Sprung über das Nicht-Sein gegenüber dem Kosmos kann der Mensch nur durch die Tätigkeit Michaels und den Christus-Impuls machen.

165.   Der Mensch lebt zwar als denkendes Wesen in dem Bereich der physischen Erde; aber er geht mit dieser keine Gemeinsamkeit ein. Er lebt als Geist-Wesen so, daß er das Physische wahrnimmt; die Kräfte zum Denken empfängt er aber von der «geistigen Erde» auf demselben Wege, auf dem er das Schicksal im Ergebnis voriger Erdenleben erlebt.

166.   Was in der Erinnerung (im Gedächtnisse) erlebt wird, das ist schon in der Welt, wo im Rhythmus das Physische halbgeistig wird, und wo solche Geist-Vorgänge sich abspielen, wie diejenigen sind, die im gegenwärtigen kosmischen Augenblicke durch Michael geschehen.

167.   Wer Denken und Erinnerung richtig kennen lernt, dem geht das Verständnis dafür auf, wie der Mensch als Erdenwesen zugleich innerhalb des Erdgebietes lebt, aber doch nicht völlig in dieses Gebiet mit seinem Wesen eintaucht, sondern als außerirdisches Wesen durch die Gemeinsamkeit mit der «geistigen Erde» sein Selbstbewußtsein, als die Vollendung des Ich sucht.

168. Im Beginne des Bewußtseinszeitalters trat eine Abdämpfung des Zusammengehörigkeitsgefühles des Menschen mit dem außerirdischen Kosmos auf. Im Gegensatz hierzu wurde das Zusammengehörigkeitsgefühl mit dem Irdischen im Erleben der Sinneseindrücke gerade bei den wissenschaftlichen Menschen so stark, daß es eine Betäubung darstellt.

169. Innerhalb dieser Betäubung wirken die ahrimanischen Mächte besonders gefährlich, weil der Mensch in der Illusion lebt, das zu starke, betäubende Erleben der Sinnes-Eindrücke sei das Rechte und ein wahrer Fortschritt in der Entwicklung.

170. Der Mensch muß die Kraft finden, seine Ideenwelt zu durchleuchten und durchleuchtet zu erleben, auch wenn er sich mit ihr nicht an die betäubende Sinneswelt anlehnt. An diesem Erleben der selbständigen, in ihrer Selbständigkeit durchleuchteten Ideenwelt wird das Zusammengehörigkeitsgefühl mit dem außerirdischen Kosmos erwachen. Die Grundlage für Michael-Feste wird daraus erstehen.

171. Die menschliche Sinnesorganisation gehört nicht der Menschen-Wesenheit an, sondern ist von der Umwelt während des Erdenlebens in diese hineingebaut. Das wahrnehmende Auge ist räumlich im Menschen, wesenhaft ist es *in der Welt.* Und der Mensch streckt sein geistig-seelisches Wesen in dasjenige hinein, was die Welt durch seine Sinne in ihm erlebt. Der Mensch nimmt die physische Umgebung während seines Erdenlebens nicht in sich auf, sondern er wächst mit seinem geistig-seelischen Wesen in diese Umgebung hinein.

172. Ähnlich ist es mit der Denk-Organisation. Der Mensch wächst durch sie in das Sternendasein hinein. Er erkennt sich selbst als Sternenwelt. In den Weltgedanken webt und lebt der Mensch, wenn er im erlebenden Erkennen die Sinnes-Organisation abgestreift hat.

173. Nach Abstreifung von beidem, der Erdenwelt und der Sternenwelt, steht der Mensch als geistig-seelisches Wesen vor sich. Da ist er dann nicht mehr *Welt*, da ist er im wahren Sinne Mensch. Und gewahr werden, was er da erlebt, heißt *Sich-Erkennen*, wie Gewahr-Werden in der Sinnes- und Denkorganisation *Welt-Erkennen* heißt.

174.   Der Mensch ist von zwei Seiten her geistig-leiblich organisiert. Erstens aus dem physisch-ätherischen Kosmos. Was in *diese* Organisation von göttlich-geistiger Wesenheit in die Menschenwesenheit hineinstrahlt, das lebt in dieser als Kraft der Sinneswahrnehmung, der Gedächtnisfähigkeit und der Phantasiebetätigung.

175.   Zweitens ist der Mensch organisiert aus seinen vorangegangenen Erdenleben heraus. Diese Organisation ist ganz geistig-seelisch und lebt im Menschen durch Astralleib und Ich. Was sich an göttlich-geistigen Wesenheiten in diese Menschenwesenheit hineinlebt, dessen Wirkung leuchtet als Gewissensstimme und alles, was damit verwandt ist, im Menschen auf.

176.   In seiner rhythmischen Organisation hat der Mensch die fortdauernde Verbindung der beiden Seiten göttlichgeistiger Impulse. Im Erleben des Rhythmus wird die Gedächtniskraft in das Willenssein und die Gewissensmacht in das Ideensein getragen.

177. Wer den Seelenblick auf die Entwicklung der Menschheit im naturwissenschaftlichen Zeitalter wirft, dem bietet sich zunächst eine traurige Perspektive. Glänzend wird die Erkenntnis des Menschen in bezug auf alles, was Außenwelt ist. Dagegen tritt eine Art Bewußtsein ein, als ob eine Erkenntnis der Geist-Welt überhaupt nicht mehr möglich sei.

178. Es *scheint*, als ob eine *solche* Erkenntnis die Menschen nur in alten Zeiten gehabt hätten, und als ob man mit Bezug auf die geistige Welt sich eben damit begnügen müsse, die alten Traditionen aufzunehmen und zu einem Gegenstande des Glaubens zu machen.

179. Aus der Unsicherheit, die aus diesem gegenüber dem Verhältnis des Menschen zur geistigen Welt im Mittelalter hervorgeht, entsteht der Unglaube an den Geist-Inhalt der Ideen im *Nominalismus*, dessen Fortsetzung die moderne Naturanschauung ist, und als Wissen von der Realität der Ideen ein *Realismus*, der aber erst durch die Anthroposophie seine Erfüllung finden kann.

180.   Die Griechen und Römer sind die für die Entfaltung der Verstandes- oder Gemütsseele besonders veranlagten Völker. Sie entwickeln dieses Seelenstadium zur Vollendung. Aber sie tragen nicht die Keime in sich, um in geradliniger Art fortzuschreiten zur Bewußtseinsseele. Ihr Seelenleben geht in die Verstandes- oder Gemütsseele hinein unter.

181.   Aber es waltet nun in der Zeit von der Entstehung des Christentums bis in das Zeitalter der Bewußtseinsseelen-Entwicklung eine Geistwelt, die sich nicht mit den menschlichen Seelenkräften vereinigt. Diese «erklären» die Geistwelt, aber sie erleben sie nicht.

182.   In den Völkern, die mit der sogenannten «Völkerwanderung» von Nordosten gegen das Römerreich vorrücken, lebt ein gefühlsmäßiges Erfassen der Verstandes- oder Gemütsseele. Dagegen bildet sich in ihren Seelen die in dieses Gefühlsmäßige eingebettete Bewußtseinsseele aus. Das innere Leben dieser Völker wartet auf die Zeit, in der wieder ein Vereinigt-Sein der Seele mit der Geist-Welt voll möglich ist.

183.   Im naturwissenschaftlichen Zeitalter, das um die Mitte des neunzehnten Jahrhunderts beginnt, gleitet die Kulturbetätigung der Menschen allmählich nicht nur in die untersten Gebiete der Natur, sondern *unter* die Natur hinunter. Die Technik wird Unter-Natur.

184.   Das erfordert, daß der Mensch erlebend eine Geist-Erkenntnis finde, in der er sich eben so hoch in die Über-Natur erhebt, wie er mit der unternatürlichen technischen Betätigung unter die Natur hinuntersinkt. Er schafft dadurch in seinem Innern die Kraft, *nicht* unterzusinken.

185.   Eine frühere Naturanschauung barg noch den Geist in sich, mit dem der Ursprung der menschlichen Entwicklung verbunden ist; allmählich ist dieser Geist aus der Naturanschauung geschwunden, und der rein ahrimanische ist in sie eingezogen, und von ihr in die technische Kultur übergeflossen.

ANHANG

Rudolf Steiner begann nach der Weihnachtstagung zur Begrün-
dung der «Allgemeinen Anthroposophischen Gesellschaft»
(1923) Briefe «An die Mitglieder» mit Leitsätzen zu schreiben,
die fortlaufend im Nachrichtenblatt für die Mitglieder, *Was in
der Anthroposophischen Gesellschaft vorgeht*, in 61 Folgen ge-
druckt wurden. Die letzten erschienen am 12. April 1925,
knapp zwei Wochen nach seinem Tod (siehe die chronologische
Übersicht S. 144f.). In der vorliegenden Ausgabe sind, wie in der
ersten Buchauflage (Dornach 1925), einzig die 185 Leitsätze
enthalten und – wie auch schon in der Gesamtausgabe – der bes-
seren Übersicht wegen durchnumeriert. Im Nachrichtenblatt
trug jede Folge jeweils die Nummern 1 bis 3 (bzw. 2 oder 4). Die
Überschrift der ersten drei Leitsätze lautete: «Anthroposophische Leitsätze als Anregung vom Goetheanum ausgegeben», danach immer: «Weitere Leitsätze, die für die Anthroposophische
Gesellschaft vom Goetheanum ausgesendet [ab der vierten Folge: ausgegeben] werden». Später wird in den Überschriften in
Klammern noch auf die vorangehenden Betrachtungen Bezug
genommen. Die Leitsätze waren ursprünglich als Themen und
Anregungen zu einer gemeinsamen Arbeit innerhalb der
anthroposophischen Zweige gedacht (vgl. die den ersten Leitsätzen vorausgehende Ankündigung, jetzt in GA 28, S. 11–13).

Der Text folgt dem Erstdruck in *Was in der Anthroposophischen Gesellschaft vorgeht*, 17.2.1924 – 12.4.1925, der zugleich
die Ausgabe letzter Hand (AlH) bildet. Abweichungen von der
erhaltenen Handschrift (H) sind, soweit sie nicht bloß Orthographie oder Zeichensetzung betreffen, nachstehend vermerkt,
ebenso sinnverändernde Interpunktion.

In den Hinweisen erwähnte Bände der Rudolf Steiner Gesamtausgabe im Rudolf Steiner Verlag, Dornach; nach GA-Num-
mern:

4   *Die Philosophie der Freiheit* (1894)

13   *Die Geheimwissenschaft im Umriß* (1910)

Bei Textänderungen wird zuerst der Text im Erstdruck (AlH) angeführt, gefolgt von einer nach links geöffneten eckigen Klammer, danach folgt die Textvariante in der Handschrift (H).

zu Leitsatz

2 *Menschendasein ersterben müßte]* muß

5 *wie Denken, Fühlen und Wollen] wie dieses Denken*

6 *Man sucht nach diesen Zusammenhängen] Gesetzen*
Natur sich mit der Erde] Natur mit der ganzen Erde
Gegenstand, der vor diesem] vor ihm
Außerirdisch-Ätherischen] Außerirdisch Ätherischen

9 *ergreifen und es in der Seele] ergreifen, in der Seele*

10 *Wie der Mensch auf der Erde einen Boden] Wie der Mensch*
einen Boden

13 *Bildekräfte verleiht.] verleiht;*

14 *des vorangegangenen Leitsatzes:* Hier für die Buchausgabe modifiziert. Die Stelle lautet in H und AlH: *des dritten der in voriger Nummer gegebenen Leitsätze.*

16 *wird sich der Erkenntnis] wird der Erkenntnis*
wenn er] wenn der Mensch

17 *Seelen-Weisheit] Seelen-Wesenheit*

29–31 Manuskript fehlt.

32 *des astralischen] Astralischen*

35 *an dem erst gearbeitet] an dem gearbeitet*

39 *Wille. Der] Er*
an seiner Ähnlichkeit] in einer Ähnlichkeit

40 *das wahre Wesen des Willens] sein wahres Wesen*

41 Der erste Satz hier für die Buchausgabe modifiziert. Er lautet in AlH: *Durch den dritten der Leitsätze, die in der vori-*

gen Nummer enthalten sind, wird auf das Wesen des menschlichen Willens *hingewiesen.* In der H: *In dem dritten der Leitsätze, die in der vorigen Nummer enthalten sind, offenbart sich das Wesen des* menschlichen Willens.

43 *schicksalsgemäß]* Schicksals-gemäß

47 *sondern es waltet]* sondern waltet

49 *Erlebens aus sich selbst an]* Erlebens an

51 *tut damit Unrecht]* tut ihr damit Unrecht

54 *Geisteserlebnissen]* Geistes-Erlebnissen

Absicht in H unterstrichen.

59 *meiner «Geheimwissenschaft»:* GA 13

er aber lebt in den Gedanken: in H nur *er* und *in* unterstrichen.

60 *tut, sich mit seiner Gefühlswelt]* tut, mit seiner Gefühlswelt

68 *Wesenheiten der ersten Hierarchie:* AlH und H haben versehentlich *dritten Hierarchie.*

74 *sich darleben können, ist]* sich darleben, ist

das Geistige nicht nur denken] das Geistige nicht bloß denken

76 *Seraphim, Cherubim* wie in GA 26 emendiert. AlH und H haben *Serafime, Cherubime.*

zur Erscheinung kommen] zur Offenbarung kommen

77 *Dynameis* wie in GA 26 emendiert. AlH und H haben *Dynamis.*

80 Wie in 77.

81 *Seraphim, Cherubim* wie in GA 26 emendiert. AlH und H haben *Serafine, Cherubine.*

82 *von denen in den vorigen Betrachtungen:* hier für die Buchausgabe modifiziert. Er lautet in AlH und H: *von denen in den vorigen Nummern dieses Mitteilungsblattes.*

89 *Geisteswesen]* Geistwesen

91 *Bewußtsein im heutigen Weltalter]* Bewußtsein des heutigen Weltalters

was von diesem] was von ihm

nur durch Beobachtung] nur durch diese Beobachtung

93 *Willens-Impulsen entgegentretende Unverständliche in]*
   Willens-Impulsen Entgegentretende in

97 *Seeleninhalten] Seelen-Inhalten*

99 Da in AlH die Nummer vergessen wurde, erschien dieser
   Leitsatz in der Buchausgabe 1925 nicht als eigener, sondern als Absatz von Nr. 98.

100 Ab hier sind die Leitsätze in H und AlH jeweils römisch
    numeriert (I., II., III.).

105 *Michaels Aufgabe:* Zum Erzengel Michael vgl. u. a. GA 26,
    S. 60–62: «Sobald man in die geistige Welt mit seiner An-
    schauung hinaufdringt, kommt man an konkrete geistige
    Wesensmächte heran. In alten Lehren hat man die Macht,
    aus der die Gedanken der Dinge erfließen, mit dem Namen
    Michael bezeichnet. Der Name kann beibehalten werden.
    Dann kann man sagen: die Menschen empfingen einst von
    Michael die Gedanken. Michael verwaltete die kosmische
    Intelligenz.» Seit dem letzten Drittel des 19. Jahrhunderts
    wirkt Michael wieder als Zeitgeist: «Er sucht nach einer
    neuen Metamorphose seiner kosmischen Aufgabe. Er ließ
    vorher von der geistigen Außenwelt her die Gedanken in
    die Seelen der Menschen strömen; vom letzten Drittel des
    neunzehnten Jahrhunderts an will er *in* den Menschensee-
    len leben, in denen die Gedanken gebildet werden.... Vor-
    her konnte der Mensch nur fühlen, wie aus seinem Wesen
    heraus die Gedanken sich formten; von dem angedeuteten
    Zeitabschnitt an kann er sich über sein Wesen erheben; er
    kann den Sinn ins Geistige lenken; da tritt ihm Michael ent-
    gegen, und der erweist sich als altverwandt mit allem Ge-
    dankenweben. Der befreit die Gedanken aus dem Bereich
    des Kopfes; er macht ihnen den Weg zum Herzen frei; er
    löst die Begeisterung aus dem Gemüte los, so daß der
    Mensch in seelischer Hingabe leben kann an alles, was sich
    im Gedanken*licht* erfahren läßt. Das Michaelzeitalter ist
    angebrochen. Die Herzen beginnen, Gedanken zu haben;
    die Begeisterung entströmt nicht mehr bloß mystischem
    Dunkel, sondern gedankengetragener Seelenklarheit.»

106 *Intelligenzbetätigung] Intelligenz-Betätigung*

107 *allen früheren Erzengel-Führungen:* In Anlehnung an Jo-

hannes Trithemius spricht Rudolf Steiner immer wieder von sieben Erzengelepochen, die jeweils mit einem der sieben alten Planeten verbunden sind. Einem Notizbucheintrag zu GA 243 gemäß «regierten»: 200 v. Chr. bis 150 n. Chr. Oriphiel (Saturn), 150–500 Anael (Venus), 500–850 Zachariel (Jupiter), 850–1190 Raphael (Merkur), 1190–1510 Samael (Mars), 1510–1879 Gabriel (Mond) und seit 1879 bis etwa 2300 Michael (Sonne). Die letzte Michael-Führung vor der gegenwärtigen fand also vor 200 v. Chr. statt.

in dem seinigen damals nicht frei sein konnte] in dem seinigen frei sein kann

108 *Michael-Zeitalters:* Siehe Hinweis zu 105.

finden könne] finden kann

109 *heraus lösen:* so auch in H; AlH hat fälschlicherweise *herauslösen.*

111 *«Philosophie der Freiheit»:* GA 4.

113 *ahrimanischen Gewalten:* Steiner bezeichnet damit die eine Art der den Menschen in seiner Freiheitsentwicklung bedrohenden Mächte: Bild dafür ist der durch Michael besiegte Drachen. «Im Erdenleben führt die Gewalt Ahrimans dazu, das sinnlich-physische Dasein als das einzige anzusehen und sich dadurch jeden Ausblick auf eine geistige Welt zu versperren. In der geistigen Welt bringt diese Gewalt den Menschen zur völligen Vereinsamung, zur Hinlenkung aller Interessen nur auf sich.» (GA 13, S. 287) Die ahrimanischen Gewalten «sind ganz dazu veranlagt, alles, was sich als Intelligenz von den Göttern loslöst, in sich aufzusaugen. Sie sind dazu veranlagt, die Summe aller Intellektualität mit ihrem eigenen Wesen zu vereinigen. Sie werden damit die größten, die umfassendsten und eindringlichsten Intelligenzen des Kosmos.» (GA 26, S. 89). Siehe auch den folgenden Hinweis.

115 *luziferische Impulse:* Die andere Art der den Menschen in seiner Freiheitsentwicklung bedrohenden Mächte: Bild dafür ist die verführerische Schlange (siehe vorangehenden Hinweis). «Diese brachten dem Menschen die Mög-

lichkeit, in seinem Bewußtsein eine freie Tätigkeit zu entfalten, damit aber auch die Möglichkeit des Irrtums, des Bösen.» (GA 13, S. 249). In dem diesem Leitsatz vorangehenden Beitrag Rudolf Steiners im Nachrichtenblatt *Was in der Anthroposophischen Gesellschaft vorgeht* heißt es: «So können in der Zukunft Michael-Erlebnis und Christus-Erlebnis nebeneinander stehen; dadurch wird der Mensch seinen rechten Freiheitsweg finden zwischen der luziferischen Abirrung in Denk- und Lebens-Illusionen und der ahrimanischen Verlockung in Zukunftgestaltungen, die seinen Hochmut befriedigen, die aber noch nicht *seine* gegenwärtigen sein können.

In luziferische Illusionen verfallen, heißt nicht voll Mensch werden, nicht bis zur Freiheit-Etappe vorschreiten wollen, sondern auf einer zu frühen Stufe der Entwicklung – als Gott-Mensch – stehenbleiben wollen. In ahrimanische Verlockungen verfallen, heißt nicht warten wollen, bis bei einem bestimmten Grade des Menschtums der rechte kosmische Augenblick gekommen ist, sondern diesen Grad vorausnehmen wollen.» (GA 26, S. 105 f.)

122 *Ahriman sie ihm geben]* sie ihm Ahriman geben

123 *ist die Tätigkeit, die sich im Verhältnisse von Wesen zu Wesen abspielt]* ist Tätigkeit, die sich im Verhältnisse von Wesen abspielt

133 *Rosenkreutzer:* Vgl. u. a. GA 99, GA 100 und GA 130.

135 *Man gelangt]* Aber man gelangt

136 *Geistesbetrachtung]* Geistbetrachtung

145 *losgelöst vom Denken]* losgelöst von Denken

146 *in der atlantischen Zeit:* Nach Rudolf Steiner die vierte große Erdepoche, die unserer fünften, beginnend im 8. Jahrtausend v. Chr., voranging.

155 *ihrem Wesen nach:* H und AlH haben *ihre Wesen nach.*

158 *des Menschen Wesen gewoben]* des Menschen gewoben

168 *Betäubung darstellt]* Betäubung darstellte

174 *hineinstrahlt]* hereinstrahlt

175 *hineinlebt]* hereinlebt

179 *Nominalismus:* Frühscholastische Bezeichnung für eine philosophische Anschauung, die in den Ideen bloße Denkgebilde, Namen (lat. nomina) sieht. *Realismus* bezeichnet die gegenteilige Haltung, die in den Ideen eine eigenständige Wirklichkeit sieht.

Herausgeberkorrekturen
gegenüber dem Text in der Gesamtausgabe (GA 26):

Es wird, wie (mit wenigen Ausnahmen) in der AlH, konsequent *Entwicklung* statt *Entwickelung* geschrieben.

Getrennt- und Zusammenschreibung sowie Zeichensetzung folgen konsequent der AlH.

Das Ausschreiben von Abkürzungen (z. B., usw.) durch frühere Herausgeber wurde rückgängig gemacht.

Bloße Abweichungen in Orthographie oder Zeichensetzung werden nicht eigens nachgewiesen.

 4 Sie *kann dieselben* statt: *Sie kann dieselbe*

   weisheitvolle statt: *weisheitsvolle*

12 *willenlos* statt: *willenslos*

14 *Darstellung des vorangegangenen Leitsatzes* statt: *Darstellung des dritten Leitsatzes*

46 *schon die rein verstandesgemäße* statt: *schon rein die verstandesgemäße*

61 *Geistes-Reich* statt: *Geist-Reich*

66 *Wirkte sie* statt: *Wirkten sie*

77 *nicht-sinnenfälliger* statt: *nicht sinnenfälliger*

78 *Gedanken über die dritte Hierarchie* statt: *Gedanken über eine dritte Hierarchie*

138 *das weitausgedehnte Eine Glied ... dieses Eine Glied ... aber nur Ein Ereignis* statt: *das weitausgedehnte eine Glied ... dieses eine Glied ... aber nur ein Ereignis*

145 *losgelöst vom Denken* statt: *losgelöst von Denken*

NACHWEIS DER ERSTPUBLIKATION
DER LEITSÄTZE

Die in Klammern angegebenen Daten beziehen sich auf die Erst-
veröffentlichung der Leitsätze in der Beilage der Wochenschrift
Das Goetheanum: *Was in der Anthroposophischen Gesellschaft
vorgeht* vom 17. Februar 1924 (1. Jahrgang, Nr. 6) bis 12. April
1925 (2. Jahrgang, Nr. 15).

Nr. 1 bis 3	17. Februar 1924
Nr. 4 und 5	24. Februar 1924
Nr. 6 und 7	2. März 1924
Nr. 8 bis 10	9. März 1924
Nr. 11 bis 13	16. März 1924
Nr. 14 bis 16	23. März 1924
Nr. 17 bis 19	30. März 1924
Nr. 20 bis 22	6. April 1924
Nr. 23 bis 25	13. April 1924
Nr. 26 bis 28	20. April 1924
Nr. 29 bis 31	27. April 1924
Nr. 32 bis 34	4. Mai 1924
Nr. 35 bis 37	11. Mai 1924
Nr. 38 bis 40	18. Mai 1924
Nr. 41 bis 43	25. Mai 1924
Nr. 44 bis 46	1. Juni 1924
Nr. 47 bis 49	8. Juni 1924
Nr. 50 bis 52	15. Juni 1924
Nr. 53 bis 55	22. Juni 1924
Nr. 56 bis 58	29. Juni 1924
Nr. 59 bis 61	6. Juli 1924
Nr. 62 bis 65	13. Juli 1924
Nr. 66 bis 68	20. Juli 1924
Nr. 69 bis 71	27. Juli 1924
Nr. 72 bis 75	3. August 1924
Nr. 76 bis 78	10. August 1924

Nr. 79 bis 81	17. August 1924
Nr. 82 bis 84	24. August 1924
Nr. 85 bis 87	31. August 1924
Nr. 88 bis 90	7. September 1924
Nr. 91 bis 93	14. September 1924
Nr. 94 bis 96	21. September 1924
Nr. 97 bis 99	28. September 1924
Nr. 100 bis 102	5. Oktober 1924
Nr. 103 bis 105	12. Oktober 1924
Nr. 106 bis 108	19. Oktober 1924
Nr. 109 bis 111	26. Oktober 1924
Nr. 112 bis 114	2. November 1924
Nr. 115 bis 117	9. November 1924
Nr. 118 bis 120	16. November 1924
Nr. 121 bis 123	23. November 1924
Nr. 124 bis 126	30. November 1924
Nr. 127 bis 130	7. Dezember 1924
Nr. 131 bis 133	14. Dezember 1924
Nr. 134 bis 136	21. Dezember 1924
Nr. 137 bis 139	28. Dezember 1924
Nr. 140 bis 143	4. Januar 1925
Nr. 144 bis 146	11. Januar 1925
Nr. 147 bis 149	18. Januar 1925
Nr. 150 bis 152	25. Januar 1925
Nr. 153 bis 155	1. Februar 1925
Nr. 156 bis 158	8. Februar 1925
Nr. 159 bis 161	15. Februar 1925
Nr. 162 bis 164	22. Februar 1924
Nr. 165 bis 167	1. März 1925
Nr. 168 bis 170	8. März 1925
Nr. 171 bis 173	15. März 1925
Nr. 174 bis 176	22. März 1925
Nr. 177 bis 179	29. März 1925
Nr. 180 bis 182	5. April 1925
Nr. 183 bis 185	12. April 1925

LITERATUR ZUM THEMA

AUS DEM WERK RUDOLF STEINERS

GA = Rudolf Steiner Gesamtausgabe
Tb = Rudolf Steiner Taschenbücher

Schriften

Die Philosophie der Freiheit. Grundzüge einer modernen Weltanschauung. Seelische Beobachtungsresultate nach naturwis-
senschaftlicher Methode (1894)
Erkenntnistheoretische Grundlegung der Anthroposophie
GA 4 / Tb 627

Theosophie. Einführung in übersinnliche Welterkenntnis und
Menschenbestimmung (1904)
 *Grundlegende Schrift zu den Wesengliedern des Menschen,
zu Reinkarnation und Karma und den geistigen Welten*
GA 9 / Tb 615

Wie erlangt man Erkenntnisse der höheren Welten? (1904/05)
*Ausführliche Darstellung des anthroposophischen Schulungs-
weges*
GA 10 / Tb 600

Die Stufen der höheren Erkenntnis (1905–1908)
*Schließt an die Ausführungen in «Wie erlangt man Erkenntnisse
der höheren Welten?» an und führt diese für die höheren Erkennt-
nisgebiete der Imagination, Inspiration und Intuition weiter*
GA 12 / Tb 641

Die Geheimwissenschaft im Umriß (1910
*Umfassendste Schilderung des Wesens und der Entwicklung von
Menschheit, Erde und Kosmos*
GA 13 / TB 601

Die geistige Führung des Menschen und der Menschheit.
Geisteswissenschaftliche Ergebnisse über die Menschheits-
Entwickelung (1911)
Schmales, gewichtiges Bändchen zum Weg des Jesus von Nazareth

und zur Entwicklung der Menschheit im Zusammenhang mit der
geistigen Welt
GA 15 / Tb 614

Ein Weg zur Selbsterkenntnis des Menschen. In acht Meditationen (1912)
Meditative Einführung in das Wesen des Menschen, die geistigen
Welten und die wiederholten Erdenleben
GA 16 / Tb 602 (zusammen mit GA 17)

Die Schwelle der geistigen Welt. Aphoristische Ausführungen (1913)
Kurze, meditative Texte zu Wesen und Wesenheiten der geistigen
Welt
GA 17 / Tb 602 (zusammen mit GA 16)

Anthroposophische Leitsätze. Der Erkenntnisweg der Anthroposophie – Das Michael-Mysterium. (1924/25)
In aphoristisch knapper Sprache skizziert Rudolf Steiner hier am
Ende seines Lebens noch einmal den anthroposophischen Weg neu
GA 26

Vorträge

Die Evolution vom Gesichtspunkte des Wahrhaftigen
5 Vorträge, Berlin 1911
Zyklus zum geistigen Aspekt der Evolution der Erde
GA 132

Entsprechungen zwischen Mikrokosmos und Makrokosmos.
Der Mensch – eine Hieroglyphe des Weltenalls
16 Vorträge, Dornach 1920 – Grundlegender Vortragszyklus
zum Zusammenhang des Menschen mit dem Kosmos
GA 201

Anthroposophie – Eine Zusammenfassung nach einundzwanzig Jahren
9 Vorträge, Dornach 19. 1. bis 10. 2. 1924
Zusammenfassende Gesamtdarstellung der anthroposophischen
Weltanschauung
GA 234

In gleicher Ausstattung erschienen:

Rudolf Steiner
Meditationen für Tag und Jahr

Ausgewählt und herausgegeben von Taja Gut
168 Seiten, Leinen. ISBN 3-7274-5290-0

Ein handlicher Begleiter für eine meditative Lebens-
praxis, die durch ein bewusstes Erleben und Gestalten
der zeitlichen Rhythmen die Selbst- und Welterkenntnis
stärken und vertiefen will. Damit liegt erstmals eine
repräsentative Auswahl aus den über zahlreiche Bände
der Gesamtausgabe verstreuten Meditationssprüchen
und -texten Rudolf Steiners vor.

Inhalt: Die sechs grundlegenden Übungen / Die vier
Regeln / Abend und Morgen / Tag für Tag – Der
Wochenrhythmus / Von Woche zu Woche – Der Jahres-
lauf (Anthroposophischer Seelenkalender und Die zwölf
Monatstugenden) / Monat um Monat – Das kosmische
Jahr / Jahreszeiten und Feste / Anhang

Aus der Rudolf Steiner Gesamtausgabe:

Anthroposophie – eine Zusammenfassung
nach einundzwanzig Jahren
Zugleich eine Anleitung zu ihrer Vertretung vor der Welt

Neun Vorträge, Dornach 19. Januar bis 10. Februar 1924
GA 234. 168 Seiten, Leinen. ISBN 3-7274-2342-0

Die Vorträge geben eine zusammenfassende Gesamtdarstellung der anthroposophischen Weltanschauung
für die Mitglieder der zu Weihnachten 1923 neu begrün-
deten Anthroposophischen Gesellschaft.

RUDOLF STEINER VERLAG

Zum Werk Rudolf Steiners

Rudolf Steiner (1861–1925), der zunächst als Philosoph, Publizist und Pädagoge tätig war, entfaltete ab Beginn des 20. Jahrhunderts eine umfassende kulturelle und soziale Aktivität und begründete eine moderne Wissenschaft des Geistes, die Anthroposophie. Sein umfangreiches Werk umfaßt Schriften und Abhandlungen, Aufzeichnungen und Briefe, künstlerische Entwürfe und Modelle sowie Textunterlagen von etlichen tausend Vorträgen in Form von Hörermitschriften.

Seit dem Tod von Marie Steiner-von Sivers (1867–1948), der Lebensgefährtin Rudolf Steiners, wird sein literarischer und künstlerischer Nachlaß durch die von ihr begründete *Rudolf Steiner Nachlassverwaltung* betreut. In dem dafür aufgebauten *Rudolf Steiner Archiv* wird seither an der Erhaltung, Erschließung und Herausgabe der vorhandenen Unterlagen gearbeitet. Die Buchausgaben erscheinen in dem angegliederten *Rudolf Steiner Verlag*.

Schwerpunkt der Herausgabetätigkeit ist die seit 1955/56 erscheinende Rudolf-Steiner-Gesamtausgabe (GA, siehe nachfolgende Übersicht). Sie umfaßt inzwischen über 350 Bände und zusätzlich Veröffentlichungen aus dem künstlerischen Werk. Dazu kommen zahlreiche Einzel-, Sonder- und Taschenbuchausgaben und andere begleitende Veröffentlichungen. Die Ausgaben werden durch fachlich kompetente Herausgeber anhand der im Archiv vorhandenen Unterlagen ediert und durch Hinweise, Register usw. ergänzt.

Noch liegt die Gesamtausgabe nicht vollständig vor; viele Archivunterlagen bedürfen zudem der editionsgerechten Aufbereitung. Dies ist mit einem hohen zeitlichen und finanziellen Aufwand verbunden, der durch den Absatz der Bücher nicht finanziert werden kann, sondern durch Unterstützungsbeiträge gedeckt werden muß. Dies gilt ebenso für die vielen anderen Arbeitsbereiche des Archivs, das keinerlei öffentliche Zuschüsse erhält. Damit das Archiv seine Aufgaben als Zentrum für die Erhaltung, Erschließung, Edition und Präsentation des Werkes von Rudolf Steiner auch in Zukunft erfüllen kann, wurde 1996 die *Internationale Fördergemeinschaft Rudolf Steiner Archiv* begründet.

Für Informationen oder kostenlose Verzeichnisse wenden Sie sich bitte an: Rudolf Steiner Verlag / Rudolf Steiner Archiv
Postfach 135   CH–4143 Dornach 1
verlag@rudolf-steiner.com
www.steinerverlag.com/www.steinerarchiv.info

Die Rudolf Steiner Gesamtausgabe

Gliederung nach: Rudolf Steiner – Das literarische und künstlerische Werk. Eine bibliographische Übersicht (Bibliographie-Nrn. *kursiv* in Klammern)

A. SCHRIFTEN

I. Werke

Goethes Naturwissenschaftliche Schriften, eingeleitet und kommentiert von Rudolf Steiner, 5 Bände, 1884–1897, Nachdruck Dornach 1975, *(1a–e)*; sep. Ausgabe der Einleitungen, 1925 *(1)*
Grundlinien e. Erkenntnistheorie d. Goetheschen Weltanschauung, 1886 *(2)*
Wahrheit und Wissenschaft. Vorspiel einer ‹Philosophie der Freiheit›, 1892 *(3)*
Die Philosophie der Freiheit, 1894 *(4)*
Friedrich Nietzsche, ein Kämpfer gegen seine Zeit, 1895 *(5)*
Goethes Weltanschauung, 1897 *(6)*
Die Mystik im Aufgange des neuzeitlichen Geisteslebens, 1901 *(7)*
Das Christentum als mystische Tatsache, 1902 *(8)*
Theosophie, 1904 *(9)*
Wie erlangt man Erkenntnisse der höheren Welten? 1904/05 *(10)*
Aus der Akasha-Chronik, 1904–08 *(11)*
Die Stufen der höheren Erkenntnis, 1905–08 *(12)*
Die Geheimwissenschaft im Umriß, 1910 *(13)*
Vier Mysteriendramen: *(14)*
Die geistige Führung des Menschen und der Menschheit, 1911 *(15)*
Anthroposophischer Seelenkalender, 1912 *(in 40)*
Ein Weg zur Selbsterkenntnis des Menschen, 1912 *(16)*
Die Schwelle der geistigen Welt, 1913 *(17)*
Die Rätsel der Philosophie in ihrer Geschichte als Umriß dargestellt, 1914 *(18)*
Vom Menschenrätsel, 1916 *(20)*
Von Seelenrätseln, 1917 *(21)*
Goethes Geistesart in ihrer Offenbarung durch seinen Faust und durch das Märchen von der Schlange und der Lilie, 1918 *(22)*
Die Kernpunkte der Sozialen Frage *(23)*
Aufsätze über die Dreigliederung des sozialen Organismus, 1915–21 *(24)*
Drei Schritte der Anthroposophie: Philosophie, Kosmologie, Religion, 1922 *(25)*
Anthroposophische Leitsätze, 1924/25 *(26)*
Grundlegendes für eine Erweiterung der Heilkunst nach geisteswissenschaftlichen Erkenntnissen, 1925. Von Dr. R. Steiner und Dr. I. Wegman *(27)*
Mein Lebensgang, 1923–25 *(28)*

II. Gesammelte Aufsätze (29–36)

III. Veröffentlichungen aus dem Nachlaß (38–47)

B. DAS VORTRAGSWERK

I. Öffentliche Vorträge (51–84)

II. Vorträge vor Mitgliedern der Anthroposophischen Gesellschaft (91–270)

III. Vorträge und Kurse zu einzelnen Lebensgebieten (271–354)

C. DAS KÜNSTLERISCHE WERK

Originalgetreue Wiedergaben von malerischen und graphischen Entwürfen und Skizzen Rudolf Steiners in Kunstmappen oder als Einzelblätter. Entwürfe für die Malerei des Ersten Goetheanum – Schulungsskizzen für Maler – Programmbilder für Eurythmie-Aufführungen – Eurythmieformen – Entwürfe zu den Eurythmiefiguren – Wandtafelzeichnungen zum Vortragswerk, u.a.